重庆文化研究 甲辰春

Chongqing Cultural Research | 蔡武 题

《重庆文化研究》出版工作小组

主　任	冉华章
副主任	朱　茂
成　员	潘文亮　许战奇　韩小刚　刘雪峰
	宋俊红　严小红　高　扬　牟元义
	刘德奉　张书源
主　编	牟元义
执行主编	黄剑武
编　委	黄剑武　周津菁　魏　锦　邹俊星

重庆市文化和旅游研究院
■ 重庆市非物质文化遗产保护中心　编
重庆市文化和旅游规划院

西南大学出版社

图书在版编目(CIP)数据

重庆文化研究.甲辰春/重庆市文化和旅游研究院,重庆市非物质文化遗产保护中心,重庆市文化和旅游规划院编.--重庆:西南大学出版社,2024.5
ISBN 978-7-5697-2389-2

Ⅰ.①重… Ⅱ.①重…②重…③重… Ⅲ.①地方文化—研究—重庆—2024 Ⅳ.①G127.719

中国国家版本馆CIP数据核字(2024)第091781号

重庆文化研究 甲辰春
CHONGQING WENHUA YANJIU　JIA-CHEN CHUN

重庆市文化和旅游研究院、重庆市非物质文化遗产保护中心、重庆市文化和旅游规划院　编

责任编辑	秦　俭
责任校对	杜珍辉
书籍设计	杨　涵
排　　版	杜霖森
出版发行	西南大学出版社(原西南师范大学出版社)
	地址:重庆市北碚区天生路2号
	邮编:400715
	市场营销部电话:023-68868624
经　　销	新华书店
印　　刷	重庆紫石东南印务有限公司
成品尺寸	210 mm×285 mm
印　　张	10.25
插　　页	12
字　　数	221千字
版　　次	2024年5月　第1版
印　　次	2024年5月　第1次印刷
书　　号	ISBN 978-7-5697-2389-2
定　　价	35.00元

牢牢把握新时代新征程宣传思想文化工作的思想武器

党的十八大以来,习近平总书记把宣传思想文化工作摆在治国理政的重要位置,着眼新形势新情况新问题,站在全局和战略高度,作出一系列重要论述和指示批示,指引新时代宣传思想文化工作取得历史性成就。

2013年8月,在党的十八大后首次全国宣传思想工作会议上,习近平总书记强调"意识形态工作是党的一项极端重要的工作";

2017年10月,党的十九大报告首次提出"新的文化使命"这一重大命题,要求"推动社会主义文化繁荣兴盛";

2018年8月,全国宣传思想工作会议以"九个坚持"概括宣传思想工作的规律性认识,习近平总书记在讲话中强调"必须把统一思想、凝聚力量作为宣传思想工作的中心环节";

2021年7月,在庆祝中国共产党成立一百周年大会上,习近平总书记创造性地提出"两个结合"重大论断,即"坚持把马克思主义基本原理同中国具体实际相结合、同中华优秀传统文化相结合";

2022年10月,党的二十大从五个方面重点部署文化建设工作,要求"必须坚持中国特色社会主义文化发展道路";

2023年6月,习近平总书记在文化传承发展座谈会上深刻总结中华文明所具有的五个突出特性,对于"两个结合"特别是"第二个结合"进行了深刻阐述;

2023年10月,全国宣传思想文化工作会议在北京召开,会议正式提出并系统阐述了习近平文化思想,在党的宣传思想文化事业发展史上具有里程碑意义。

习近平总书记在新时代文化建设方面的新思想新观点新论断,内涵十分丰富、论述极为深刻,是新时代党领导文化建设实践经验的理论总结,丰富和发展了马克思主义文化理论,构成了习近平新时代中国特色社会主义思想的文化篇,形成了习近平文化思想。

习近平文化思想明确提出，着力加强党对宣传思想文化工作的领导，着力建设具有强大凝聚力和引领力的社会主义意识形态，着力培育和践行社会主义核心价值观，着力提升新闻舆论传播力引导力影响力公信力，着力赓续中华文脉、推动中华优秀传统文化创造性转化和创新性发展，着力推动文化事业和文化产业繁荣发展，着力加强国际传播能力建设、促进文明交流互鉴。

习近平文化思想深刻回答了新时代我国文化建设举什么旗、走什么路、坚持什么原则、实现什么目标等根本问题，是新时代党领导文化建设实践经验的理论总结，丰富和发展了马克思主义文化理论，既有文化理论观点上的创新和突破，又有文化工作布局上的部署要求，为我们在新时代继续推动文化繁荣、建设文化强国、建设中华民族现代文明提供了科学行动指南，也标志着我们党对中国特色社会主义文化建设规律的认识达到了新高度。

同时，习近平文化思想还是一个不断展开、开放式的思想体系，在随着实践不断地丰富发展。我们需要不断学习，认真贯彻，落实到位，牢牢把握这一新时代新征程宣传思想文化工作的强大思想武器和科学行动指南。

目 录

政策研究

1 习近平文化思想引领重庆文旅实践研讨会发言汇编

  1 在习近平文化思想引领下的重庆文旅实践研讨会上的讲话　刘晓年

  2 克服"四自",倡行"四在",奋力推进重庆文艺"四大""两高"建设　郭道荣

  5 习近平文化思想中公共文化观的深刻意蕴　彭泽明

  10 以习近平文化思想为指导,推动重庆文化大发展大繁荣　刘德奉

  16 习近平文化思想是重庆推进工业遗产高质量保护和利用的科学遵循　胡攀

  23 保护文化遗产 传承历史文脉——学思践悟习近平总书记关于文化遗产保护的重要论述　白九江　范鹏

文化生态

30 武陵山(渝东南)文化生态保护促进文化旅游业发展的思考　牟元义

37 渝东南土家族社会风俗文化概述　向笔群

51 文化生态视域下载体相同的两种传统体育样式的比较研究
    ——基于武陵山区渝鄂交界地带"板凳龙"和"板凳拳"的田野调查　向轼

文艺评论

60 巴渝文旅戏评
    ——第五届重庆青年戏剧演出季专题评论

  60 守正创新 前景绚丽——观我市"青年戏剧演出季"之川剧折子戏　林永蔚

  64 周仁是个什么人?——川剧《忠义烈》观后　魏锦

  66 走近观众的荒诞派——评《送菜升降机》　黄桢

  70 突破与回归:科教兴国题材的当代表达——评话剧《何鲁》　姚佳汛

  72 虚实相生悲欢　冷暖写意聚散——观川剧《忠义烈》　龚会

  75 酝酿·生长·绽放——第五届重庆青年戏剧演出季剧目综述　丁付禄　陈姝璇

79 人类命运的诗性呈现与宏大题旨的精神升华
    ——浅析女诗人冉冉新作《大江去》一诗的主题写作　赵历法

86 理想与现实的交响
    ——重庆市歌剧院对《茶花女》的新时代演绎　邹俊星

基础研究

94 重庆红色题材戏剧的当代表达　吕霖枫

99 揭露官场腐败　劝人廉洁自律
　　——巴渝方言谚语中的廉政文化精华探析　夏明宇

108 从黔江文管所藏象牙棋子看陈氏家族的沉浮和良好的家风　宋发芳

114 美育与乡村振兴：新时代乡村美术馆的实践路径　张文聪　于昊旻

巴渝文化

121 金鸡三磉、百丈梁、苏家浩地名考　姜孝德

人物风采

127 情系舞坛终不悔
　　——记民营重庆华桦舞蹈团创办人刘云华　张孔华

文化记忆

132 近代韩国独立运动旗手李东宁　夏雪

137 "三峡文豪"张朝墉　赵贵林　赵桉

艺文空间

151 开明画院渝、川、云、贵、桂、冀、晋、浙、琼、蒙优秀美术作品选登

　　151 金沙水拍　彭光祥　松壑幽泉　霍俊其

　　152 通途　李雪波　巴山深处有人家　刘路

　　153 川美小景　王明义　农家新居　吴本新

　　154 大美国风　王士元　等理发　张天彦

　　155 侗乡三月花满坡　杨秀泽　洞天遗梦　高兴玺

　　156 飞龙啸天　乔颖　生命　唐家翼

157 庚子 段皎 鹤庆女孩 汤闰年

158 洪崖新绿 张祖全 快雪时晴 李天锁

159 花舞春风 马灵 华彩秋妆见清影 罗礼明

160 幻象 黄莎 箕山诗意图 谢南容

161 旷野系列之凝 巫大军 丰收的季节 黄剑武

162 莲塘晓梦 李阳 露涧春花香溢浓 杨晓亮

163 绿水家园 余泽洋 美丽家园 寇涛

164 苗乡秋韵 刘涛 凝华 安永平

165 牡丹花品冠群芳 张珍容 苗寨早春 谭韵

166 脐橙丰收正当时 覃春铭 巴渝山水共苍苍 刘应川

167 青山绿水 宋建华 秋日羊卓雍 张世刚

168 啖荔图 马随太 山居图 李焕庭

169 岁月无声山岳有痕 石维念

170 太行秋韵 张彦斌 舞春风 赵建中

171 乡愁 王锋 薪传 赵毅

172 雪中香 张剑 遥知北方雪未来尽,春风先至彩云南 冷建卫

173 又逐春风到侗乡 粟周平 远望 刘朝侠

174 云林山居 黄莘祥 中山探春 于天冰

175 话说纸质书 刘德奉

习近平文化思想引领重庆文旅实践研讨会发言汇编

【编者按】2024年3月22日,重庆市文化和旅游研究院围绕"习近平文化思想引领重庆文旅实践"进行集体学习研讨。重庆市文化和旅游委党委副书记、副主任刘晓年出席会议并讲话。重庆有关专家学者作了主旨发言。本研讨会由重庆市文化和旅游研究院院长牟元义主持,现将各位专家、学者的发言整理出来,以飨读者。

在习近平文化思想引领下的重庆文旅实践研讨会上的讲话

刘晓年(重庆市文化和旅游发展委员会党委副书记、副主任)

习近平文化思想于2023年10月在全国宣传思想文化工作会议上首次提出。习近平文化思想是习近平总书记在新时代文化建设方面的新思想新观点新论断,内涵十分丰富、论述极为深刻,是文旅工作最重要的指导思想。学习理解习近平文化思想是文旅工作者首要的政治学习任务。学习在前,研究在前,阐释在前,宣传在前,这是文旅工作者的职责所在。

习近平文化思想的提出酝酿了很长时间,有深厚的理论根基。习近平文化思想是对马克思主义文化理论的丰富和发展,是新时代党领导文化建设实践经验的理论总结。2021年7月1日,习近平总书记在庆祝中国共产党成立一百周年大会上概括提出伟大建党精神。中国共产党以伟大建党精神为源头,构筑起贯穿于新民主主义革命时期、社会主义革命和建设时期、改革开放和社会主义现代化建设新时期、中国特色社会主义新时代的中国共产党人的精神谱系,为习近平文化思想提供了思想理论来源。中华人民共和国成立七十多年,尤其是改革开放四十多年的成功实践经验,使中国特色社会主义道路自信、理论自信、制度自信、文化自信更加坚定,为习近平文化思想提供了很好的实践支撑。2023年6月2日,习近平总书记出席文化传承发展座谈会并发表重要讲话,他全面深入地阐述了中华文明的五个突出特性，即连续性、创新性、统一性、包容性、和平性。中华优秀传统文化为习近平文化思想提供了深厚的文化土壤。

我们学习研究习近平文化思想，要以"七个着力"为切入点，从多方面多领域深刻把握习近平文化思想明体达用、体用贯通的鲜明特点，研究好、阐释好、宣传好其理论内涵，还要结合重庆的实际情况和重要课题来研究怎样更好地贯彻实行。

克服"四自"，倡行"四在"，奋力推进重庆文艺"四大""两高"建设[①]

郭道荣（重庆市文化和旅游发展研究会秘书长）

习近平文化思想有着宏富的内容、精深的内涵、博大的体系，其核心价值在于引领中华民族现代文明建设，其根本目标在于引领社会主义文化强国建设。重庆市委、市政府就加快建设新时代文化强市作出全面部署，市委书记袁家军发出将渝派"大书、大剧、大戏、大作"推向全国，将重庆建设成为具有标杆性引领性文艺高地的号召，就是深刻理解、认真贯彻习近平文化思想核心价值和根本目标的重大举措，也成为我市文化系统广大干部职工的重要使命和紧迫工作。但是，当前在我市一些地方、单位和个人中，存在着明显的文化"自怯""自闭""自残""自嗨"（即文化"四自"）状况，严重影响到文化"高原""高峰"的培塑。这种状况如不能得到改观，势必影响渝派文艺"四大""两高"目标的顺利实现。

一、文化"四自"的表现和危害

习近平总书记指出，文化自信是一个国家、一个民族发展中最基本、最深沉、最持久的力量。在习近平总书记这一著名论断引领下，全国各族人民的文化自信显著增强，涌现了一大批彰显文化自信的优秀作品。拿重庆来说，前些年推出的《巫山神女》《移民金大花》《国家行动》《朝天门》《邹容》《钓鱼城》《解放大西南》，近几年推出的《城门几丈高》《重庆谈判》《绝对考验》等重磅作品，都体现了强烈的文化自信和原创自觉。但与此同时，我们也清醒地看到，由于存在一定程度的文化"四自"问题，重庆在文化艺术创作方面，仍然缺乏"高原"气象和"高峰"气度，这是值得我们警醒的。

（一）文化"自怯"

一些人对重庆的自然禀赋、历史演变、人文积淀、族群秉性、城市品格、杰出人物及其美

[①] 本文系2024年3月22日在重庆市"习近平文化思想与重庆实践"座谈会上的发言。

学价值等,缺乏深入了解,自觉或不自觉地产生原创胆怯心理,自然缺少创造激情和原创、主创、领创动力,自然容易选择"借创"(选择别人的题材搞创作)、"跟创"(跟着别人的创作谋取名头)、"改创"(改编移植现成的作品)等捷径。近些年,取材于本土题材的重庆原创作品偏少,不能说与文化自怯无关。这种情形若持续下去,"巴国美人"(指千秋女杰、工商巨擘巴寡妇清)、"巾帼良玉"(指志安社稷爱国忠君的女帅秦良玉)、"夔门烽烟"(指抢运军工物资、情寄民生、实业救国的卢作孚)、"半岛金刚"(指抗战之都、东方堡垒、愈炸愈强的重庆城)、"地下通衢"(指重庆交通强市、立体轻轨大世界等)等极具全民族审美、跨时空价值的重庆题材可能会永远被湮没。这种情形若持续下去,要使渝派"大书、大剧、大戏、大作"走向全国,就很成问题了。

(二)文化"自闭"

一些舞台艺术作品花了不少人力物力财力创作出来,参加比赛和评奖成了其目标和归宿,而后往往束之高阁封闭封存起来,很难成为在各个区县巡回演出的剧目,与公共文化服务没有多大关系,普通老百姓很难在家门口观看到公共财政哺育出来的精品力作。其他艺术门类的一些作品,譬如主旋律歌曲、微电影等,也有类似的生命轨迹,大多数只要完成参赛评奖流程就束之高阁,很难再面向基层、群众、校园,得到普及推广。当然,这个问题客观上还与基层基础公共文化设施不够完善有关,譬如不少区县前些年拆掉原有剧场和展馆搞开发,至今也未恢复重建。

(三)文化"自残"

由于缺少原创激情、原创担当、原创实践,原创能力每况愈下,一旦要创作新东西,就只有聘请外地的编剧、导演及其他专业人员来担纲。两年前,重庆将一个非常难得的重大现实题材交给市外团队主导,但其创作拍摄成电影在院线推出后,效果很不理想。这说明外来的和尚也未必能念好经。艺术原创能力不强,必然导致作品多、经典少,近五年来,重庆文艺工作者虽然作了很多努力,市级专业文艺院团推出的舞台艺术重点作品中,本市编剧、导演、舞美的原创占比仍然较低,满打满算分别为38%、48%、33%,多数作品仍然为外地编剧、外地导演、外地舞美。如果让这种情形持续下去,重庆的原创能力将越来越弱,与可怕的"自残"无异。

(四)文化"自嗨"

现实中的文化"自嗨",比文化"自残"更加可怕。重庆市有的地方把神话传说当作正史写进文件。有的地方支持或默认用长篇大论方式,把本地说成是整个中华文化的发源地。有的地方用高耐磨油漆在弯弯曲曲的山区公路路面上绘就"美丽乡村"画面,遇到雾雨天气路面就打滑,使车辆难以通行。有的地方将本地特色文化符号用劣质金属等材料做成"雕塑",布置在坡陡弯急的盘山公路高切坡之上,无论谁开车或坐车路过,都不可能歪着头注目观赏,完全失去传播价值,才过去短短几年,就成了风雨剥蚀的垃圾。有的古镇古街,装置了不少人、马雕像,结果成了冷冷清清的摆设,没产生什么审美价值和引流作用。还有不少地方,把过去农家用的石磨子、石碓窝、石猪槽拿来做一些与当地传统乡土文明没有一丁点儿关系的"文化门、文化墙、文化坎",或者在农田里、果园中、鱼塘边、菜地旁装置稻草农夫、稻草耕牛、稻草儿童,过了不久外面缠的草绳便掉了,露出里面锈迹斑斑的钢筋铁骨。有一个地方花巨资制作数十个巨型石刻寿字,铺在步行街上任由所有行人"踩在脚下",还有一个地方将"二十四孝"碑刻围在广场四周,碑身只有约1米高,其主体画面都在成人肚脐之下,完全违反了"寿比眉高""孝在心上"的传统美学尺度。这样的文化"自嗨"既自以为是,又徒费财力,与真正的文化自信、文化传承、创作创造格格不入。

二、用文化"四在"助推文艺"四大""两高"

习近平总书记说过,没有高度的文化自信,没有文化的繁荣兴盛,就没有中华民族伟大复兴。前述文化"四自"问题,若得不到改观,就很难树立真正的文化自信,也就很难真正实现重庆文化的繁荣兴盛,很难真正加快新时代文化强市建设。为此,笔者建议倡行文化"四在",助推文艺"四大""两高"。

(一)挖掘在地文化

在地文化,即脚踏实地、根在本地的优秀文化和激发本地人民群众文化自信、与文化自豪密切相关的特色或专有文化。要脱离"文化自弃"的消极状态,立足于脚下的热土,致力于挖掘具有本土根脉、本土秉性、本土特色的文化资源,并注意区别神话传说和历史事实之间的界限尺度,结合时代精神进行研判,拣选出具有优秀基因、传承价值、成长属性的部分,进行提炼转化和创新创造,大力催生重庆原生题材重磅原创作品。

(二)种植在心文化

在心文化,即读者、观众心中期待和需求的文化,而不是"自嗨"式文化。要以目标受众的心理期待和情感需求为本,要面向受众客群创作具有情感价值的文学、艺术和影视精品力作,始终追求思想性和艺术性相统一,全民美感度和重庆辨识度相统一,主体自觉引领和客体自发共鸣相统一,社会效益和经济效益相统一。只有这样,才能向人民群众提供丰富的精神食粮,才有可能真正实现将渝派"大书、大剧、大戏、大作"推向全国,将重庆打造成为具有标杆性、引领性文艺高地的目标。

(三)经营在场文化

在场文化,即具有场景载体和鉴赏环境的文化,是为公共文化服务提供高品质内容的文化,而不是只为比赛和评奖而生的"自闭"文化。凡本市国有院团创作生产的文艺作品,凡本市公共财政投入保障的文艺作品,首先都应该在全市有合适场馆的区县巡回演出、展出或推广,其次才是争取在各种比赛中争金夺银。当然,建议尽快完成、完善各区县的标准剧场或综合性公共文化中心建设,彻底消除滋生文化"自闭"问题的硬件短板。

(四)浇灌在创文化

在创文化,即正在创造着、发展着的文化。"在创"是充满自信、自觉和激情的主动创作行为和创造过程,而非处处依赖外力进行创作的"自残"行为。要全面贯彻落实市委、市政府《关于加快推进新时代文化强市建设的意见》,自觉担负起新的文化使命,努力创作更多优秀文艺作品、提供更多优秀文化产品。要尽快编制新时代文化强市建设行动计划,尽快构建完善文艺"四大""两高"激励机制,尽快出台促进重庆文化创新创造的政策措施。要进一步加强各类文艺创作新人才、文化创造新力量的培育,进一步调动本土作家、艺术家的创作积极性,鼓励他们更加积极主动地站到一线、冲在前面,主动担当起创作渝派"大书、大剧、大戏、大作"的历史使命,奋力开创重庆艺术创作和文化创造"高原"崛起、"高峰"耸立的新时代。

习近平文化思想中公共文化观的深刻意蕴[①]

彭泽明(西南政法大学政治与公共管理学院研究员)

文化是一个国家、民族的灵魂。进入新时代以来,以习近平同志为核心的党中央把文化建设摆在治国理政的突出位置,围绕新时代文化建设提出了一系列新思想新观点新论断,形成了习近平文化思想。习近平文化思想是习近平新时代中国特色社会主义思想的文化篇,指引着新时代新征程中国特色社会主义文化建设阔步前行。党的十八大以来,习近

---

① 本文为国家社科基金艺术学重大项目"国家文化安全战略研究"(22ZD03)阶段性成果。

平总书记高度重视公共文化建设,就公共文化建设作出了一系列重要论述,形成内涵丰富、思想深刻的公共文化观,成为习近平文化思想的重要组成部分。

一、公共文化建设的方向:以社会主义核心价值观为引领

公共文化建设是中国特色社会主义文化建设的重要组成部分,为中国特色社会主义政治、经济、社会和生态文明建设服务;反过来,中国特色社会主义政治、经济、社会和生态文明建设又促进公共文化发展。文化关乎国运、国本,是民族生存和发展的重要精神力量。马克思和恩格斯在《德意志意识形态》一文中指出:"统治阶级的思想在每一时代都是占统治地位的思想。这就是说,一个阶级是社会上占统治地位的物质力量,同时也是社会上占统治地位的精神力量。"[1]这里所指的精神力量就是统治阶级的思想,也就是统治阶级的意识形态。就我国而言,就是马克思主义意识形态。换言之,马克思主义意识形态就是我国治国理政的精神力量。意识形态的核心就是价值观念。习近平总书记指出:"价值观念在一定社会的文化中是起中轴作用的,文化的影响力首先是价值观念的影响力。世界上各种文化之争,本质上是价值观念之争,也是人心之争、意识形态之争。"[2]不难看出,价值观念在一定社会的文化建设中是起着引领作用的,而核心价值观决定着一定社会的文化的宗旨和方向。那么,中国特色的公共文化建设应该以什么样的核心价值观来作为其方向引领呢?毫无疑问,就是党的十八大提出的社会主义核心价值观,富强、民主、文明、和谐,自由、平等、公正、法治,爱国、敬业、诚信、友善是社会主义核心价值观的内容。社会主义核心价值观是当代中国精神的集中体现,是凝聚人心、汇聚民力的强大力量。习近平总书记指出,"如果一个民族、一个国家没有共同的核心价值观,莫衷一是,行无依归,那这个民族、这个国家就无法前进"[3],"要强化社会主义核心价值观引领,加强爱国主义、集体主义、社会主义教育,发展公共文化事业,完善公共文化服务体系,不断满足人民群众多样化、多层次、多方面的精神文化需求"[4]。作为中国特色社会主义文化建设的重要组成部分,公共文化建设必须以社会主义核心价值观为引领,发展先进文化,创新传统文化,扶持通俗文化,引导流行文化,改造落后文化,抵制有害文化,巩固基层文化阵地,促进在全社会形成积极向上的精神追求和健康文明的生活方式,促进满足人民群众基本文化需求与增强精神动力相统一。

---

[1] 中共中央马克思恩格斯列宁斯大林著作编译局.马克思恩格斯选集 第一卷[M].3版.北京:人民出版社,2012:178.
[2] 中共中央文献研究室.习近平关于社会主义文化建设论述摘编[M].北京:中央文献出版社,2017:105.
[3] 中共中央党史和文献研究院.习近平关于社会主义精神文明建设论述摘编[M].北京:中央文献出版社,2022:103.
[4] 中共中央党史和文献研究院.习近平关于社会主义精神文明建设论述摘编[M].北京:中央文献出版社,2022:263-264.

二、公共文化建设的立场：以文化惠民提升人民幸福生活水平

公共文化建设的出发点、落脚点都是为了保障人民群众的基本文化需求，不断满足人民群众对美好生活的新期待。习近平总书记指出："人民对美好生活的向往就是我们的奋斗目标。"[①]文化惠民是习近平总书记关于公共文化的系列重要论述中最耀眼的关键词，充分彰显了习近平总书记人民至上的根本立场，充分体现了习近平总书记的人民情怀。习近平总书记指出："要把农村小喇叭、小广播建起来，深入推进广播电视村村通、农家书屋、乡镇综合文化站等重点文化惠民工程，加快图书馆、文化馆、体育馆、少年文化宫等建设，使各族群众在业余时间有个好的去处，使未成年人能够就近经常参加文化体育活动。"[②]"继续实施文化惠民工程，推进基层公共文化设施共建共享，鼓励社会力量和资本参与公共文化服务体系建设。"[③]"实施重点文化惠民工程，引导公共文化资源向城乡基层倾斜。"[④]习近平总书记在党的十九大报告和二十大报告中先后提出"深入实施文化惠民工程"和"创新实施文化惠民工程"，尤其是在天津视察时指出："以文化人、以文惠民、以文润城、以文兴业，展现城市文化特色和精神气质，是传承发展城市文化、培育滋养城市文明的目的所在。"[⑤]只有坚持以人民为中心的发展思想，坚持发展为了人民、发展依靠人民、发展成果由人民共享，才会有正确的发展观、现代化观。让人民生活幸福是习近平总书记心中的"国之大者"。加强公共文化服务是实现人民基本文化权益的主要途径，公共文化服务是衡量人民幸福生活的重要标尺。公共文化建设是人民群众的公共文化建设，是人民群众的文化民生。在公共文化建设中，应健全人民文化权益保障制度，坚持文化发展为了人民，更好顺应人民群众对美好生活的新期待，推动公共文化服务向高品质和多样化升级，坚持文化发展依靠人民，充分尊重人民群众主体地位和首创精神，着力提高文化参与度和创造力，坚持文化发展成果由人民共享，切实保障文化民生，促进共同富裕与促进人的全面发展的统一。

三、公共文化建设的目标：提高公共文化服务覆盖面和适用性

公共文化服务覆盖面是指人民群众享受公共文化设施、产品和活动的比率，本质上是公共文化服务的均等化，强调人民群众享受公共文化服务的机会均等，共享公共文化改革

---

① 习近平.习近平著作选读.第一卷[M].北京:人民出版社,2023:221.
② 中共中央文献研究室.习近平关于社会主义文化建设论述摘编[M].北京:中央文献出版社,2017:187.
③ 中共中央文献研究室.习近平关于社会主义文化建设论述摘编[M].北京:中央文献出版社,2017:188.
④ 中共中央文献研究室.习近平关于社会主义文化建设论述摘编[M].北京:中央文献出版社,2017:192.
⑤ 陈伟光,武少民,靳博,等.奋力谱写中国式现代化天津篇章——习近平总书记天津考察重要讲话鼓舞人心、凝聚力量[N].人民日报,2024-02-04(2).

发展的红利,体现社会主义制度的优越性。公共文化服务的适用性是公共文化设施、产品和活动适合于人民群众,强调的是公共文化服务的效能。我国还处在社会主义初级阶段,是世界上最大的发展中国家,对于人民群众的基本公共文化需求应坚持尽力而为、量力而行,紧紧抓住人民最关心最直接最现实的看电视、听广播、读书看报、进行公共文化鉴赏、参加大众文化活动等基本文化利益问题,健全基本公共文化服务体系,提高公共文化服务水平,增强可及性,扎实推进共同富裕。随着我国公共文化服务体系建设的深入推进,针对公共文化建设发展不平衡不充分和公共文化供需对接错位的问题,党的十八大以来,党中央更加强调均等化发展,并提出公共文化服务适用性的重大理论和实践命题,为新时代公共文化建设确定了目标。习近平总书记指出:"制定国家公共文化服务标准和指标体系,促进基本公共文化服务标准化、均等化。"[1]"加快构建现代公共文化服务体系,促进基本公共文化服务标准化均等化,建立健全政府向社会力量购买公共文化服务机制,加大公共文化设施免费开放力度。"[2]"要推动公共文化服务标准化、均等化,坚持政府主导、社会参与、重心下移、共建共享,完善公共文化服务体系,提高基本公共文化服务的覆盖面和适用性。"[3]在公共文化建设中,要以群众需求为导向,实行"菜单式"供给,推动基本公共文化服务融入城乡居民生活,拓展服务内容,创新服务形式,提升服务品质,促进公共文化服务提质增效。

四、公共文化建设的区域:要以乡村基层为重点

党的二十大报告指出:"全面建设社会主义现代化国家,最艰巨最繁重的任务仍然在农村。"[4]公共文化建设亦然,最艰巨的任务在农村。而且由于历史欠债多,公共文化建设相对滞后,其繁杂程度不言而喻。无论是在全面建成小康社会的伟大历程中,还是在全面建设社会主义现代化国家的征程中,农村公共文化建设始终是我国全面推进乡村振兴中的重要任务。习近平总书记指出:"组织开展多种形式的面向基层的文化活动和全民健身运动,着力丰富群众文化生活。"[5]"新增教育、文化、医疗卫生等社会事业经费要向农村倾斜,社会建

---

[1] 中共中央文献研究室.习近平关于社会主义文化建设论述摘编[M].北京:中央文献出版社,2017:188.
[2] 中共中央文献研究室.习近平关于社会主义文化建设论述摘编[M].北京:中央文献出版社,2017:189.
[3] 习近平.习近平谈治国理政.第三卷[M]北京:外文出版社,2020:314.
[4] 习近平.举中国特色社会主义伟大旗帜 为全面建设社会主义现代化国家而团结奋斗——在中国共产党第二十次全国代表大会上的报告[M].北京:人民出版社,2022:30-31.
[5] 中共中央文献研究室.习近平关于社会主义文化建设论述摘编[M].北京:中央文献出版社,2017:185.

设公共资源要向农村投放,基本公共服务要向农村延伸,城市社会服务力量要下乡支援农村,形成农村社会事业发展合力,努力让广大农民学有所教、病有所医、老有所养、住有所居。"[1]针对农村公共文化建设薄弱环节,习近平总书记提出:"要推进城乡公共文化服务体系一体建设,优化城乡文化资源配置,完善农村文化基础设施网络,增加农村公共文化服务总量供给,缩小城乡公共文化服务差距。"[2]因此,公共文化建设要始终以农村基层公共文化建设为重点,持之以恒地推动乡镇综合文化站创新发展,推动农村公共文化服务高质量发展,实现乡村文化振兴,助力乡村全面振兴。

五、公共文化建设的途径:完善公共文化服务体系

完善公共文化服务体系就是在已有建设的基础上,补齐短板,形成以公共文化产品生产供给、设施网络、资金人才技术保障、组织支撑和运行评估为基本框架的完备的公共文化服务体系。

从党的十六届五中全会通过的《中共中央关于制定国民经济和社会发展第十一个五年规划的建议》提出逐步形成覆盖全社会的比较完备的公共文化服务体系,到党的十八大以前,我国已基本建立起覆盖城乡的公共文化服务设施网络。进入新时代,随着公共文化服务体系的进一步完善,我国从传统公共文化服务体系建设阶段转入现代公共文化服务体系构建阶段。现代公共文化服务的现代性突出表现为价值取向的现代性、政府行政理念的现代性、运行机制的现代性、服务能力的现代性、公共服务方式的现代性、管理手段的现代性。

目前,我国公共文化服务体系的完善主要是统筹推进公共文化服务均衡发展(重点是建立基本公共文化服务标准体系,促进城乡基本公共文化服务均等化,提升公共文化设施建设、管理和服务水平),增强公共文化发展活动(培育和促进文化消费,鼓励和引导社会力量参与,培育和规范文化类社会组织,大力推进文化志愿服务),加强公共文化产品和服务供给(提升公共文化服务效能,丰富优质公共文化产品供给,活跃群众文化生活),推进公共文化服务与旅游、科技融合发展,创新公共文化管理体制和运行机制。

上述五个方面是相互联系、相互支撑、相互促进的有机统一整体。习近平总书记指出:"一个民族要走在时代前列,就一刻不能没有理论思维,一刻不能没有正确思想指引。"[3]习

---

[1] 中共中央文献研究室.习近平关于社会主义社会建设论述摘编[M].北京:中央文献出版社,2017:14.
[2] 习近平.习近平谈治国理政.第四卷[M].北京:外文出版社,2022:311.
[3] 习近平.习近平谈治国理政.第四卷[M].北京:外文出版社,2022:29.

近平文化思想为我们进一步做好公共文化建设工作指明了方向、提供了根本遵循,我们必须牢牢把握其核心要义,并贯穿于公共文化建设的全过程、全领域,让人民享有更加充实、更为丰富、更高质量的精神文化生活。

以习近平文化思想为指导,推动重庆文化大发展大繁荣

刘德奉(重庆市文化和旅游研究院原院长)

2023年10月7日至8日,全国宣传思想文化工作会议在北京召开。会议认为,党的十八大以来,宣传思想文化工作之所以取得历史性成就,最根本就在于有习近平总书记领航掌舵,有习近平新时代中国特色社会主义思想科学指引。习近平总书记在新时代文化建设方面的新思想新观点新论断,内涵十分丰富、论述极为深刻,是新时代党领导文化建设实践经验的理论总结,丰富和发展了马克思主义文化理论,构成了习近平新时代中国特色社会主义思想的文化篇,形成了习近平文化思想。

习近平文化思想的提出,标志着我们党对中国特色社会主义文化建设规律的认识达到了新高度,在党的宣传思想文化事业发展史上具有里程碑意义。习近平文化思想是宣传思想文化工作的指导思想,必须长期坚持,认真落实。

在习近平文化思想的指导下,做好文化工作,结合重庆的实际积极作为,为建设中国式现代化服务,为建设文化强国贡献重庆力量,是重庆市文化工作者的首要任务。

一、充分体现习近平文化思想的领导力,把重庆文化发展推向新的高度

习近平文化思想是习近平新时代中国特色社会主义思想的重要组成部分,是党的宣传思想文化工作的指导思想。习近平文化思想既有文化理论上的创新,又有对文化工作的部署,明体达用、体用贯通,明确了新时代文化建设的路线图和任务书,表明我们党的历史自信、文化自信达到了新高度,在我国社会主义文化建设中展现出了强大伟力,为做好新时代新征程宣传思想文化工作、担负起新的文化使命提供了强大思想武器和科学行动指南。

以习近平文化思想为指导,谋划重庆文化发展,重庆文化一定会充满新的活力,一定会发展得更快更好,一定会百花齐放,春色满园。

首先,对重庆文化发展的谋划要有全局性,要站在新时代坚持和发展中国特色社会主

义的大背景下进行谋划,要在中国式现代化建设实践中进行谋划,要着眼于推进文化强国建设这个大目标进行谋划,要立足于丰富中华民族现代文明来谋划。

其次,要和重庆经济与社会发展、文化资源、文化发展进程的实际情况相结合,突出重庆特色,具有重庆风格、重庆辨识度。

再次,还要注意与区域特性相结合。比如:主城都市区经济发展相对较好、科学技术相对发达、文化资源更加丰富,其文化发展谋划的重点就应当具有世界性、现代性、引领性;渝东北作为长江三峡文化的主体,历史资源、人文资源、文旅融合资源十分丰富,其文化发展谋划应注重国际性文化形象的打造;而渝东南土家族、苗族文化丰富多彩,传续良好,文化和旅游融合共同发展,共同促进,将具有强大的生命力。

最后,还要注意跨界性的谋划,让文化与科技相结合、与工业相结合、与商业相结合、与旅游相结合、与农业相结合、与城市发展相结合、与人民美好生活需要相结合。要在创造中谋划,谋划出更多新型文化项目和文化形态,让文化在变革中更具高度和魅力。

理论与实践相结合,理论才会落到实处,实际工作才有高度。我们一定要站在理论的高度、世界的高度、时代的高度、文化发展的高度、文化责任的高度,来思考每项具体工作,来创作每部具体作品,来开展每次具体活动,只有这样,文化产品才具有强大的生命力,才会成为文化的高峰,才会成为传世经典、不朽之作。

我们要有高远的文化境界,对待每项工作精益求精,时时处处追求工匠精神。只有抛弃功利之心,才能避免低俗、庸俗、媚俗文化,推出更多人民群众喜爱的文化产品。

我们要自觉践行以人民为中心的服务方向,自觉以人民为主体生产创作,自觉到人民群众中吸收文化营养,自觉沉入生产生活中学习、采风,自觉反映人民的创造精神,自觉以人民的评价为至高的标准,只有这样,我们的文化工作才具有高度,才具有价值。

二、充分体现习近平文化思想的时代性品格特征,在建设中国式现代化进程中贡献重庆力量

习近平总书记指出:"发展中国特色社会主义文化,就是以马克思主义为指导,坚守中华文化立场,立足当代中国现实,结合当今时代条件,发展面向现代化、面向世界、面向未来的,民族的科学的大众的社会主义文化,推动社会主义精神文明和物质文明协调发展。""必须推进马克思主义中国化时代化大众化,建设具有强大凝聚力和引领力的社会主义意识形态,使全体人民在理想信念、价值理念、道德观念上紧紧团结在一起。"[1]"我们要坚守以人民为中心的创作导向,繁荣文艺创作,推出更多同新时代相匹配的文化精品。"[2]"弘扬中华优秀传统文化,要处理好继承和创造性发展的关系,重点做好创造性转化和创新性发展。创造性转化,就是要按照时代特点和要求,对那些至今仍有借鉴价值的内涵和陈旧的表现形式加以改造,赋予其新的时代内涵和现代表达形式,激活其生命力。创新性发展,就是要按照时代的新进步新进展,对中华优秀传统文化的内涵加以补充、拓展、完善,增强其影响力和感召力。"[3]"深刻理解'两个结合'的重大意义。在五千多年中华文明深厚基础上开辟和发展中国特色社会主义,把马克思主义基本原理同中国具体实际、同中华优秀传统文化相结合是必由之路。这是我们在探索中国特色社会主义道路中得出的规律性认识。""'两个结合'是我们取得成功的最大法宝。""'第二个结合'让马克思主义成为中国的,中华优秀传统文化成为现代的,让经由'结合'而形成的新文化成为中国式现代化的文化形态。""对人类文明最大的礼敬就是创造人类文明新形态。希望大家担当使命、奋发有为,共同努力创造属于我们这个时代的新文化,建设中华民族现代文明!"[4]习近平总书记的这些重要讲话、指示、批示,涉及宣传思想文化工作的方方面面,既有总体要求,也有具体要求,既有内容要求,也有管理要求。而这些要求都是党的十八大以来习近平总书记提出的重要文化观点。这些文化观点具有强烈的时代性,明确了新时代新的文化使命。

重庆的文化工作如何才能体现时代性?我认为主要在于三个方面。

一是要紧紧围绕时代大局。什么是时代大局,就是党和国家当前和今后一个时期的战略部署、中心任务、工作重心。从长远来讲,就是建设新时代中国特色社会主义。从新时代新征程党的使命任务来讲,就是党的二十大提出的全面建成社会主义现代化强国、实现第二个百年奋斗目标,以中国式现代化全面推进中华民族伟大复兴。就具体工作来讲,就是党和国家在各个历史时期的工作部署。我们必须充分认识到,这些发展大局、工作大局就是时代的使命,就是社会进步的重要组成部分。重庆的文化工作是全国文化工作的一部分,必须立足于全国发展的大局,为全国发展大局服务。同时,又要着眼于重庆的发展大

---

[1] 习近平.决胜全面建成小康社会 夺取新时代中国特色社会主义伟大胜利——在中国共产党第十九次全国代表大会上的报告[M].北京:人民出版社,2017:41.
[2] 中共中央党史和文献研究院.习近平关于社会主义精神文明建设论述摘编[M].北京:中央文献出版社,2022:256.
[3] 中共中央党史和文献研究院.习近平关于社会主义精神文明建设论述摘编[M].北京:中央文献出版社,2022:214.
[4] 习近平.在文化传承发展座谈会上的讲话[M].北京:人民出版社,2023:5-12.

局,为重庆的经济社会发展服务。

二是要着力展现时代精神。文化工作是时代精神的体现,文艺作品是时代精神的反映。文化工作的组织开展、作品创作、人才培养、互鉴交流,都要积极反映经济社会发展的整体进步,都要积极反映劳动人民的创造活力,都要积极反映广大人民群众的精神风貌。展现时代精神,必须下功夫努力创作、精心创作,摒弃浮躁、名利,尊重艺术规律、独立思考,少一些行政干扰、社会干扰,推出精品、经典之作,既要有"高原",也要有"高峰"。要让体现时代精神的作品多涌现、久流传。展现时代精神,还必须着力于研究和提炼,深入了解当前社会发展的实质,认识时代精神的精髓。只有在深刻认识的基础上进行创作,作品才会具有高度、深度、广度,才会具有强大的生命力,才可能流传后世,经久不衰。也只有这样的作品,才能很好地推动社会发展进步,真正体现文艺作品的社会功能和文化价值。展现时代精神,还要充分认识和理解重庆发展的内涵,把重庆的过去与现在结合起来,把重庆的历史文化与当代人文精神结合起来,推出具有重庆特色的新时代文化作品。

三是要时刻保持时代自觉。自觉是一切行动的前提,要做一个有时代担当的文化工作者、文艺家,必须有自觉的时代精神;这种自觉必须时时处处体现在工作中,组织工作也好,文艺创作也好,开展文化活动也好,都必须体现出时代的风貌,都必须有时代的高度;时代的自觉还必须是大众的、群体的、全民的。无论是生产者,还是消费者,都应该具有时代自觉,只有保持时代自觉,才能与社会的时代性同频共振,才能激起时代精神的整体力量、强大力量、奋进力量。

三、充分体现习近平文化思想的文化自信精神,下决心推进重庆文化强市建设高质量发展

习近平总书记指出:"我们说要坚定中国特色社会主义道路自信、理论自信、制度自信,说到底是要坚定文化自信。"[1]"文化自信,是更基础、更广泛、更深厚的自信。"[2]"文化是一个国家、一个民族的灵魂。文化兴国运兴,文化强民族强。没有高度的文化自信,没有文化的繁荣兴盛,就没有中华民族伟大复兴。"[3]"文化自信是一个国家、一个民族发展中最基本、最

---

[1] 习近平.在哲学社会科学工作座谈会上的讲话[M].北京:人民出版社,2016:17.
[2] 习近平.在庆祝中国共产党成立95周年大会上的讲话[M].北京:人民出版社,2016:13.
[3] 习近平.决胜全面建成小康社会 夺取新时代中国特色社会主义伟大胜利——在中国共产党第十九次全国代表大会上的报告[M].北京:人民出版社,2017:40-41.

深沉、最持久的力量。"[1]"全面建设社会主义现代化国家,必须坚持中国特色社会主义文化发展道路,增强文化自信。"[2]习近平总书记关于文化自信的重要论述,具有深刻的理论性、思想性、全局性、整体性。这一系列论述从多方面、多角度、多层面让我们看到了文化自信的重要性。坚定文化自信是我们加强文化建设,做好重庆文化工作的前提和基础。

中华民族具有百万年的人类史、一万年的文化史、五千多年的文明史。中华文化有着独一无二的理念、智慧、气度、神韵。中华文化源远流长、灿烂辉煌。特别是在五千多年的文明发展中孕育的中华优秀传统文化,积淀着中华民族最深沉的精神追求,是中华民族独特的精神标识,也是中华民族生生不息、发展壮大的精神滋养,是中国特色社会主义植根的文化沃土,是当代中国发展的突出优势,对延续和发展中华文明、促进人类文明进步,发挥着重要作用。这样的文化根基,这样的文化智慧,无论世界如何变化,无论时代如何变迁,我们都必须坚守和弘扬,必须在此基础上创新和发展。

重庆是一座历史文化名城,先民在这里创造了灿烂的历史文化,孕育出了著名的巴文化。重庆具有三千多年的历史,其所具有的巴渝文化、三峡文化、移民文化、革命文化、抗战文化、统战文化,是重庆人民的文化底色。特别是重庆直辖以后,社会经济快速发展,广大人民群众充分发挥智慧,不断推动重庆地方文化的发展。现在,在习近平文化思想的指引下,重庆的文化工作者更应坚定文化自信,坚持不懈地努力,为建设国际大都市、国际旅游目的地、文化强市而贡献力量,让千年文脉放射光芒,让先进文化照亮前程。

中华文化核心思想理念、中华传统美德、中华人文精神是中华优秀传统文化的主要内容。我们必须着眼于创造性转化,创新性发展,把马克思主义同中国具体实际、同中华优秀传统文化相结合,创造出属于我们这个时代的新文化,建设中华民族现代文明,以适应中国式现代化建设的要求。重庆的文化工作者既要站在国家层面努力发挥作用,把文化自信转化为文化成果,也要着眼于重庆丰厚的文化资源,积极推出更多更好的文化产品。特别是要把重庆三千多年的历史文化转化为培育时代新人优秀品格的重要资源,要把丰富的人文自然资源转化为满足人民美好生活愿望的重要资源,要把先民的坚毅、豪放的特质转化为激励今人努力奋进的重要资源。这些转化要在各种文化活动中充分体现,要在各种文艺作

---

[1] 习近平.在全国抗击新冠肺炎疫情表彰大会上的讲话[M].北京:人民出版社,2020:20-21.
[2] 习近平.高举中国特色社会主义伟大旗帜 为全面建设社会主义现代化国家而团结奋斗——在中国共产党第二十次全国代表大会上的报告[M].北京:人民出版社,2022:42-43.

品中充分体现,要在各种文化场合中充分体现,要在各种文化群体中充分体现。

习近平总书记指出:"发展面向现代化、面向世界、面向未来的,民族的科学的大众的社会主义文化,激发全民族文化创新创造活力,增强实现中华民族伟大复兴的精神力量。"[①]习近平总书记的这一论断十分清楚地告诉我们,文化应向什么方向发展,应发展什么样的文化,发展文化的目的和作用是什么。同时,这一论断还告诉我们,文化工作者应该如何开展工作。重庆文化工作者必须以此为遵循进行文化实践,思考文化工作,谋划文化项目,创造出推动重庆发展的新文化;切实加强文化的创造性,开阔思维,跳出群体界限、行业界限、职业界限、时空界限,让文化智慧充分涌流,让文化产品百花齐放。重庆市各级政府部门要充分支持文化人才,让文化人才大展才智,让重庆的文化人才如繁星闪耀。

四、充分体现习近平文化思想的实践性,大力推进重庆文化建设全面发展

习近平文化思想不是空洞的、虚无的、臆造的,它立足于中华民族伟大复兴,着眼于中国发展的实际,植根于宣传思想文化工作的根本规律,是当前和今后宣传思想文化工作的指导思想和行动指南,具有很强的操作性。比如关于意识形态工作,习近平总书记指出:"意识形态工作一定要把围绕中心、服务大局作为基本职责,胸怀大局、把握大势、着眼大事,找准工作切入点和着力点,做到因势而谋、应势而动、顺势而为。"[②]关于社会主义核心价值观的思想,习近平总书记强调:"核心价值观是一个民族赖以维系的精神纽带,是一个国家共同的思想道德基础。如果没有共同的核心价值观,一个民族、一个国家就会魂无定所、行无依归。"[③]关于文艺创作,习近平总书记指出:"优秀文艺作品反映着一个国家、一个民族的文化创造能力和水平。吸引、引导、启迪人们必须有好的作品,推动中华文化走出去也必须有好的作品。"[④]"繁荣发展社会主义文艺。社会主义文艺是人民的文艺,必须坚持以人民为中心的创作导向,在深入生活、扎根人民中进行无愧于时代的文艺创造。要繁荣文艺创作,坚持思想精深、艺术精湛、制作精良相统一。"[⑤]关于文化遗产,习近平总书记提出:"让收藏在博物馆里的文物、陈列在广阔大地上的遗产、书写在古籍里的文字都活起来。"[⑥]关于文

---

① 习近平.高举中国特色社会主义伟大旗帜 为全面建设社会主义现代化国家而团结奋斗——在中国共产党第二十次全国代表大会上的报告[M].北京:人民出版社,2022:43.
② 中共中央文献研究室.习近平关于社会主义文化建设论述摘编[M].北京:中央文献出版社,2017:21-22.
③ 习近平.在文艺工作座谈会上的讲话[M].北京:人民出版社,2015:22.
④ 习近平.在文艺工作座谈会上的讲话[M].北京:人民出版社,2015:7.
⑤ 习近平.决胜全面建成小康社会 夺取新时代中国特色社会主义伟大胜利——在中国共产党第十九次全国代表大会上的报告[M].北京:人民出版社,2017:43.
⑥ 中共中央党史和文献研究院.习近平关于社会主义精神文明建设论述摘编[M].北京:中央文献出版社,2022:215.

化传播交流，习近平总书记强调："讲好中国故事，展现真实、立体、全面的中国。"[①]

上面所摘取的只是习近平文化思想的一部分。习近平总书记在繁忙的工作中经常深入宣传思想文化工作第一线，亲切关怀，具体指导，提出了许多高屋建瓴的论述，而这些论述都是我们开展宣传思想文化工作的重要遵循。

习近平文化思想是开展宣传思想文化工作的实践指针。我们在开展宣传思想文化工作时，要把习近平总书记关于宣传思想文化工作的具体要求、指示落实到位，体现在实实在在的行动中。当前，重庆的宣传思想文化工作最为重要的是按照重庆市委、市政府建设重庆文化强市、国际旅游目的地的规划和部署，一项一项抓好任务落实。要结合重庆文化工作实际，一丝不苟地做好具体工作；坚持文化奉献，努力有所作为。

习近平文化思想是丰富的、具体的、有针对性的。我们要坚持习近平文化思想，结合宣传思想文化工作的实际，创造性地开展好各项工作。要突出重庆宣传思想文化工作实践的创造性。重庆是历史文化名城，重庆的宣传思想文化工作历来多有创造，有多方面走在全国前列，这是重庆文化发展再上新台阶的基础。要激发更多创造活力，释放更多创造能量，推出更多创造成果。创造要从当前工作开始，要从具体工作开始，要从每项业务开始，要从每个文化工作者开始。总之，要营造创造的大氛围、聚集创造的大能量，建筑起重庆的文化高楼，树立起重庆文化的辨识高塔。

习近平文化思想的伟大之处，就在于它是随着时代的进步而作出的科学论断，是在建设新时代中国特色社会主义的过程中，在建设中国式现代化的过程中，在实现中华民族伟大复兴的过程中，在应对世界百年未有之大变局的过程中而诞生、丰富和发展起来的。中国特色社会主义进入新时代，文化工作者有了新的使命，要创造出新时代所需的先进文化，我们应当为此努力。重庆文化工作者作为地方文化的推动者和发展者，要在习近平文化思想的指导下，大力加强文化实践，大力探索新的文化发展规律，特别是在文化强市、国际旅游目的地建设中，要总结出更多经验，提供更多案例，贡献更多重庆智慧。

习近平文化思想是重庆推进工业遗产高质量保护和利用的科学遵循

胡攀（重庆社会科学院文史研究所研究员）

习近平总书记高度重视文化遗产的保护和利用工作。自党的十八大以来至2023年，他

[①] 习近平.决胜全面建成小康社会　夺取新时代中国特色社会主义伟大胜利——在中国共产党第十九次全国代表大会上的报告[M].北京：人民出版社，2017:44.

关于文化遗产的讲话、指示、批示、贺信、署名文章等,公开发表的超过200篇次,他还亲自调研考察了历史文化遗产100多处。[1]工业遗产是工业文化的重要载体和工业文明的重要见证,作为历史文化遗产的重要组成部分,已经成为衡量一个国家工业文明与经济成就的重要标志。习近平总书记指出:"'记得住乡愁',就要保护弘扬中华优秀传统文化,延续城市历史文脉,保留中华文化基因。要保护好前人留下的文化遗产,包括文物古迹,历史文化名城、名镇、名村,历史街区、历史建筑、工业遗产,以及非物质文化遗产。"[2]重庆工业遗产保护和利用以习近平文化思想为科学遵循,在带动城市产业转型升级、推动城市文化传承、塑造城市形象、提升城市品质、构建法律制度保障体系方面取得了历史性成就,彰显了习近平文化思想的实践伟力。

一、习近平文化思想为工业遗产高质量保护和利用提供了科学遵循

习近平总书记关于历史文化遗产保护利用的重要论述是习近平文化思想的重要内容。他对历史文化遗产保护的科学认识,对工业遗产保护和利用工作具有重要的指导意义。

(一)历史文化遗产凸显中华优秀传统文化的价值

中华优秀传统文化和历史遗存是前辈留给我们的宝贵遗产,承载着悠久灿烂的文明,蕴含着哲学思想、人文精神、价值理念、道德规范等,维系着民族精神,是中华民族的根和魂,潜移默化地影响着中国人的思想方式和行为方式,是加强社会主义精神文明建设的深厚滋养。习近平总书记指出,"历史文化遗产承载着中华民族的基因和血脉,不仅属于我们这一代人,也属于子孙万代"[3]。习近平总书记强调,"历史文化是城市的灵魂"[4],"一个城市的历史遗迹、文化古迹、人文底蕴,是城市生命的一部分"[5]。历史文化遗产是人类创造的物质和精神财富,是中华优秀传统文化的载体。习近平总书记以宏阔的历史视野揭示了历史文化遗产的重要价值。工业遗产作为历史文化遗产的一部分,见证了"中国式现代化"的发展变化,彰显了国家和民族特有的历史文化底蕴。工业遗产凸显了中华优秀传统文化的价值,熔铸着中华民族最深层次的文化基因,是坚定历史自信、文化自信的重要源泉。

---

[1] 马奔腾.论习近平关于文化遗产的思想与实践[J].中南民族大学学报(人文社会科学版),2024(1):102.
[2] 中共中央党史和文献研究院.习近平关于城市工作论述摘编[M].北京:中央文献出版社,2023:110.
[3] 中共中央党史和文献研究院.习近平关于社会主义精神文明建设论述摘编[M].北京:中央文献出版社,2022:235.
[4] 中共中央党史和文献研究院.习近平关于城市工作论述摘编[M].北京:中央文献出版社,2023:100.
[5] 中共中央党史和文献研究院.习近平关于城市工作论述摘编[M].北京:中央文献出版社,2023:113.

(二)以科学理念推动历史文化遗产创造性转化、创新性发展

"着力赓续中华文脉、推动中华优秀传统文化创造性转化和创新性发展",是习近平总书记对宣传思想文化工作提出"七个着力"的要求之一。习近平总书记对于历史文化遗产的保护和利用高度重视,他强调:"历史文化遗产是不可再生、不可替代的宝贵资源,要始终把保护放在第一位。发展旅游要以保护为前提,不能过度商业化,让旅游成为人们感悟中华文化、增强文化自信的过程。"[1]同时他还强调,"让收藏在禁宫里的文物、陈列在广阔大地上的遗产、书写在古籍里的文字都活起来"[2],"让更多文物和文化遗产活起来,营造传承中华文明的浓厚社会氛围"[3]。在加大文物和文化遗产保护力度的基础上还要挖掘文物和文化遗产的多重价值,开展创新服务,使文物和文化遗产更好地融入生活、服务人民。习近平总书记强调,"推进文物合理适度利用,使文物保护成果更多惠及人民群众"[4]。为贯彻习近平总书记"在保护中发展,在发展中保护"的理念,2022年,全国文物工作会议确立了"保护第一、加强管理、挖掘价值、有效利用、让文物活起来"的新时代文物工作方针。在保护的基础上加强研究和利用,让工业遗产"活"起来,是中华优秀工业传统文化创造性转化、创新性发展的具体体现。

(三)有效构建起文化遗产法治保障体系

制度和法治是文化遗产获得有效保护和合理利用最可靠的保障。习近平总书记一直高度重视文化遗产保障体系的建设,他指出,"申遗是为了更好地保护利用,要总结成功经验,借鉴国际理念,健全长效机制,把老祖宗留下的文化遗产精心守护好,让历史文脉更好地传承下去","考古遗迹和历史文物是历史的见证,必须保护好、利用好。要建立健全历史文化遗产资源资产管理制度,建设国家文物资源大数据库,加强相关领域文物资源普查、名录公布的统筹指导,强化技术支撑,引导社会参与","要健全不可移动文物保护机制,把文物保护管理纳入国土空间规划编制和实施"。[5]2022年12月,习近平总书记对非遗保护工作作出重要指示,强调要扎实做好非物质文化遗产的系统性保护。在习近平文化思想的指

---

[1] 李学仁,谢环驰.习近平在山西考察时强调 全面建成小康社会 乘势而上书写新时代中国特色社会主义新篇章[N].人民日报,2020-05-13(1).
[2] 中共中央党史和文献研究院.习近平关于社会主义精神文明建设论述摘编[M].北京:中央文献出版社,2022:211.
[3] 习近平.把中国文明历史研究引向深入增强历史自觉坚定文化自信[J].求知,2022(8):6.
[4] 中共中央文献研究室.习近平关于社会主义文化建设论述摘编[M].北京:中央文献出版社,2017:190.
[5] 张毅,袁新文,张贺,等.保护好中华民族精神生生不息的根脉——习近平总书记关于加强历史文化遗产保护重要论述综述[N].人民日报,2022-03-20(1).

引下,我国的文物保护法治建设取得了显著进步,构建起比较完善的文物保护法律制度体系,[1]为工业遗产的保护和利用起到了保驾护航的作用。

二、新时代重庆工业遗产保护和利用取得的历史性成就

重庆工业遗产主要是指从重庆开埠至三线建设期间(1891—1982),各工业门类生产、加工、仓储、生活、教育等工业物质遗存与非物质遗存。截至2024年1月,全重庆市共有工业遗产171处,其中国家级工业遗产5处,市级工业遗产14处,工业遗存类别繁多、体量庞大。重庆工业遗产保护始于2006年,2012年步入发展时期,2017年多层次保护体系逐步完善。保护好、利用好、传承好工业遗产,对于建设文化强市具有重要意义。

(一)与文化产业深度融合,推动城市产业转型

重庆推进工业遗产高质量保护和利用,要坚持保护优先的理念,在加大保护力度的同时,还要挖掘文物和文化遗产的多重价值。近年来,重庆工业遗产与文化产业深度融合,以鹅岭印制贰厂文创公园、重庆喵儿石创艺特区、北仓文创街区为代表的文化产业园,完成了从产业制造资源到文化产业资源的过渡,不断推动城市产业转型。"互联网+文化产业+体验式商业+创投空间"的第三代文创园新模式,全套生活方式落地的文创生态圈,集青年公寓、创意办公和文化产业孵化基地为一体的青年社区等新业态、新场景不断涌现。新产业、新人群的入驻,激活了重庆工业遗产的生命。

(二)促进文化传承,塑造城市文化形象

习近平总书记指出:"保护好古建筑、保护好文物就是保存历史,保存城市的文脉,保存历史文化名城无形的优良传统。"[2]保护文化遗产的首要价值是保存历史,传承文脉。重庆将工业遗产纳入城乡总体规划和历史文化名城保护规划范围,在延续历史文脉中创新保护与利用手段,较好地体现了重庆地域特点、文化特色。以重庆工业博物馆、抗战兵工遗址·重庆建川博物馆聚落等为代表的博物馆,以博物馆聚落为核心,以配套的相关商业业态为支撑,突破了传统博物馆展示的单一基本功能,通过对工业和与之相关联元素的多元展示,打造成为集科普中心、爱国主义教育基地及互动体验中心为一体的主题博物馆。将工业遗产所蕴含的文化精神及价值观传递给市民,把工业文化传承落到实处。全市通过统筹现有

---

[1] 马奔腾.论习近平关于文化遗产的思想与实践[J].中南民族大学学报(人文社会科学版),2024(1):110.
[2] 习近平.《福州古厝》序[N].人民日报.2019-06-08(3).

工业遗产资源,以开发工业旅游、发展文创产业等方式将其盘活,让工业遗产再度"鲜活"起来。在改造过程中,相关部门高度重视地域文化、自然环境以及城市空间特点,基本展现了原有的场地特色,塑造出符合时代发展的新空间。核工业816工程遗址、重庆工业文化博览园、重庆长风化工厂、北仓文创街区、鹅岭印制贰厂文创公园、狮子滩梯级水电站、招商蛇口金山意库文创园、红岩重型汽车博物馆等工业遗产作为文化景观嵌入城市的文脉之中,彰显了城市个性特色,成为重庆城市文化形象的新标识。

(三)与城市更新共生,提升城市品质

2019年春节前夕,习近平总书记在北京看望慰问基层干部群众时强调,老城区改造提升"既要改善人居环境,又要保护历史文化底蕴"[①]。重庆通过一系列的共生策略,增加对"新"与"旧"两方面的包容性,取得了保护利用工业遗产和城市发展的平衡,实现了城市与工业遗产的可持续发展。通过对工业遗产的升级改造、综合治理及功能改变,在满足产业发展需求的同时,改善了人居环境,使文物融入人民生活,城市品质得以提升,也使工业遗产打破了原有的封闭状态,配合城市更新进程,以开放的状态与城市融合,缩短了工业遗产、公众及城市之间的距离。重庆市不仅通过对以鹅岭印制贰厂文创公园、坦克库等为代表的一批工业遗产进行公共空间改造,为城市提供了更多的文化、社交和娱乐资源,同时也关注周边社区的更新和发展,极大地增强了鹅岭片区、黄桷坪片区特有的艺术气息。工业遗产促进了城市的社会发展和经济增长,提升了周边居民的生活品质和幸福感,实现了工业遗产经济效益和社会效益最大化。

(四)法律法规逐步完善,为工业遗产的保护和利用提供了保障

2014年9月,在庆祝全国人民代表大会成立六十周年大会上,习近平总书记指出:"我们要加强重要领域立法,确保国家发展、重大改革于法有据。"[②]重庆一直致力于推进文化遗产保护制度和法治的建设,为工业遗产保护提供了制度保障。2006年,重庆市政府常务会议审议通过了《重庆市创意产业"十一五"发展规划》,"工业遗产"第一次出现在重庆市政府的文件中,规划明确提出对工业遗产进行产业性开发利用。工业遗产的价值逐步引起一些企业的关注,一部分工业遗产在这期间得到有效保护和利用:一是发展工业旅游保护利用了一批,二是发掘工业雕塑(厂史标志)保护利用了一批,三是发展创意产业开发性保护利用

---

① 中共中央党史和文献研究院.习近平关于城市工作论述摘编[M].北京:中央文献出版社,2023:113.
② 中共中央文献研究室.十八大以来重要文献选编(中)[M].北京:中央文献出版社,2016:56.

了一批，四是生产使用保存了一批，五是馆史陈列保护了一批。2010年，重庆市编制并通过《重庆抗战遗址保护利用总体规划》，明确了历史文化风貌片区、工业遗产、川盐古道、南宋抗蒙军事防御遗产、水下文化遗产、大遗址等需要重点保护的对象，工业遗产首次被纳入抗战遗产的保护对象。《重庆市城乡总体规划（2007—2020）年》（2011年修订）中明确提出对29处工业遗产严格按照国家相关法律法规进行保护。2015年，重庆市政府批准实施《重庆市历史文化名城保护规划》，这是重庆市第一个法定历史文化名城保护专项规划，29处工业遗产被纳入历史文化名城保护范畴，该规划明确规定，对工业遗产必须按照分层分片控制、分级分类保护、突出地方特色、强调永续利用的理念进行规划管理。2021年，重庆市经济和信息化委员会印发《重庆市工业遗产管理暂行办法》，重庆市发展改革委等六部门发布《重庆市推动老工业城市工业遗产保护利用打造"生活秀带"工作方案》，至此，重庆基本建立起了工业遗产保护和利用的法规体系。

三、推进重庆工业遗产高质量保护和利用路径创新

以习近平文化思想为科学遵循，继续挖掘好、保护好、利用好工业遗产，是建设社会主义文化强国，全面建设社会主义现代化国家、全面推进中华民族伟大复兴的必然要求。我们认为，重庆工业遗产保护和利用高质量发展应该从以下几个方面着力。

（一）与培育和践行社会主义核心价值观相结合，增强文化自信

习近平总书记指出，"把传承和弘扬中华优秀传统文化同培育和践行社会主义核心价值观统一起来，引导人民树立和坚持正确的历史观、民族观、国家观、文化观，不断增强中华民族的归属感、认同感、尊严感、荣誉感"[①]。下一步要深入研究重庆工业化的历史，总结重庆工业在不同历史阶段的发展历程、重大成就和宝贵经验，对《重庆市工业遗产资源调查报告》中涉及的重庆自开埠至三线建设期间留下的171处工业遗产的建设发展历史和辉煌成就进行整理和提炼。将重庆工业遗产中承载的工匠精神、时代精神和民族精神与涵养社会主义核心价值观相结合，开展爱国主义教育和工业文化教育实践，增强市民的文化自信，从而为全面建设社会主义现代化新重庆提供强大的文化动力。

---

① 中共中央党史和文献研究院.习近平关于社会主义精神文明建设论述摘编[M].北京:中央文献出版社,2022:118.

(二)与城市更新相结合,构建城市互融再生体系

习近平总书记指出,"要把老城区改造提升同保护历史遗迹、保存历史文脉统一起来,既要改善人居环境,又要保护历史文化底蕴,让历史文化和现代生活融为一体"[①]。目前,重庆工业遗产的保护和利用方式还存在割裂与当地居民的有机联系、远郊区县工业遗产保护利用难度大、文创园区建设同质化等问题。应学习借鉴北京、上海等城市的经验,将工业遗产纳入城市更新体系,注重生态保护、整体保护、周边保护,使工业遗产与城市一同新陈代谢、有机生长。各区县要结合区位发展,对本区域内的工业遗产用途精准定位,使工业遗产新功能与周边地区发展需求契合,建立互利共生的双向机制。在经济上能够带动地块及周边街区的发展,促进城市经济的复苏和增长;在文化上与周边文化资源协同发展,与城市文化互融、互动,成为城市文化新地标,体现城市特有文化风貌。

(三)与数字技术相结合,营造新场景、新业态

习近平总书记强调,"挖掘文物和文化遗产的多重价值,传播更多承载中华文化、中国精神的价值符号和文化产品"[②]。工业遗产与数字技术相结合,营造新场景、新业态,是满足人民日益增长的美好生活需要的必然要求。要通过与数字技术相结合,构建重庆工业遗产数字信息系统,借助地理信息系统(GIS)平台对全市工业遗产的时间属性、空间属性、环境属性等进行定性和定量分析,全面系统地展示重庆工业遗产;借助图文、音视频、数字图、3D模型等再现工业遗产的历史风貌和生产过程,通过互动式体验增强公众对工业文化的理解和认同;不断丰富工业遗产的文化内涵,将工业文化元素运用于文创产品的研发设计、生产制造和消费服务全过程。

(四)与成渝地区双城经济圈战略相结合,融入巴蜀文化旅游走廊建设

2020年,习近平总书记在中央财经委员会第六次会议上强调,"要推动成渝地区双城经济圈建设,在西部形成高质量发展的重要增长极"。成渝地区双城经济圈建设上升为国家重大区域发展战略。2021年10月,中共中央、国务院印发《成渝地区双城经济圈建设规划纲要》,提出要共建巴蜀文化旅游走廊。在《巴蜀文化旅游走廊建设规划》框架下,成渝两地可合力打造成渝工业遗产廊道,共建工业旅游精品线路,共建工业文化创意街区,共同举办工业遗产主题系列活动。

---

① 中共中央党史和文献研究院.习近平关于城市工作论述摘编[M].北京:中央文献出版社,2023:113.
② 中共中央党史和文献研究院.习近平关于社会主义精神文明建设论述摘编[M].北京:中央文献出版社,2022:237.

保护文化遗产 传承历史文脉
——学思践悟习近平总书记关于文化遗产保护的重要论述

白九江（重庆市文化遗产研究院） 范鹏（重庆市文化遗产研究院）

党的十八大以来，习近平总书记高度重视文化遗产保护传承工作，亲自谋划指导、部署推进，身体力行调研考察文化遗产100多处，对文化遗产保护传承的重要指示批示超过200次，提出了一系列内涵深刻的新思想新观点新论断，这是马克思主义基本原理同中国具体实际相结合、同中华优秀传统文化相结合而形成的重要理论成果，为做好新时代文化遗产工作提供了根本遵循，为新时代新征程新文化工作提供了强大思想武器和科学行动指南。学思践悟习近平总书记关于文化遗产保护的重要论述，不仅是学习习近平文化思想的必然要求，更是做好新时代文化遗产保护传承的必修课。

一、学习：习近平总书记关于文化遗产保护的重要论述产生的历史背景

从党的十九大报告提出"坚定文化自信，推动社会主义文化繁荣兴盛"，到党的二十大报告提出"推进文化自信自强，铸就社会主义文化新辉煌"，再到习近平文化思想中的"积极推进文物保护利用和文化遗产保护传承"，习近平总书记关于文化遗产保护重要论述的理论体系在实践中日臻完善。

1.植根于中华优秀传统文化丰厚土壤

在漫长的历史长河中，中国人民创造了源远流长、博大精深的中华优秀传统文化，留下了无数弥足珍贵的文化遗产，这些文化遗产是我们祖先的智慧结晶，蕴含着世代中华儿女特有的思想观念、人文精神、道德规范，是中华民族的代表性符号和中华文明的标志性象征。习近平总书记在多个场合强调了中华优秀传统文化的重要性，以及保护文化遗产在实现中华民族伟大复兴中的重要性。这些论述深深植根于中华民族创造的优秀传统文化的丰厚土壤之中，揭示了保护文化遗产不仅是为了保存历史记忆，更是为了继承和弘扬民族精神。习近平总书记关于文化遗产保护的重要论述，就是中华优秀传统文化与马克思主义这一先进思想在相互融通中形成的理论结晶。

2.奠基于文化传承发展创新持之以恒的探索实践

中华文明具有突出的连续性，从根本上决定了中华民族必然走自己的路。习近平总书记指出，"如果没有中华五千年文明，哪里有什么中国特色？如果不是中国特色，哪有我们

今天这么成功的中国特色社会主义道路？"中国共产党人历来高度重视文化遗产的保护传承，自觉肩负起传承发展中华优秀传统文化的历史责任，是中华优秀传统文化的忠实继承者、弘扬者和建设者。在推进文化建设的实践过程中，文化遗产保护理论不断创新，在中华民族从落后走向先进、从传统走向现代、从封闭走向开放的艰辛探索中，始终保持了鲜明的民族底色和基因，彰显了独特的民族气质和品格。党的十八大以来，各级党委和政府更加自觉、主动地推动中华优秀传统文化的传承与发展，有力增强了中华优秀传统文化的凝聚力、影响力、创造力。

3. 聚焦于实现中华民族伟大复兴中国梦的宏伟目标

习近平总书记多次论述中国梦与中华民族伟大复兴的关系，都以近现代的中国历史为出发点。习近平总书记强调："文化自信是一个国家、一个民族发展中更基本、更深沉、更持久的力量。"加强文化遗产保护对于传承中华文脉、全面提升人民群众文化素养、维护国家文化安全、增强国家文化软实力、推进国家治理体系和治理能力现代化，具有十分重要的现实意义。

二、思考：习近平总书记关于文化遗产保护的重要论述彰显的时代特色

习近平总书记以宏阔的历史视野和深远的战略眼光，深刻阐述了新时代做好文化遗产保护传承工作的重要意义，进一步彰显出继承与发展相统一、坚持以人民为中心、科学辩证、开放交流的时代特色。

1. 继承与发展相统一的文化遗产观

中华文明具有突出的创新性，从根本上决定了中华民族守正不守旧、尊古不复古的进取精神，决定了中华民族不惧新挑战、勇于接受新事物的无畏品格。我们党的几代领导人都非常重视对文化遗产的保护与传承。习近平总书记指出："只有全面深入了解中华文明的历史，才能更有效地推动中华优秀传统文化创造性转化、创新性发展，更有力地推进中国特色社会主义文化建设，建设中华民族现代文明。"习近平总书记关于文化遗产的重要论述，是根据新时代中国共产党人的历史使命而开辟的新境界。

2. 以人民为中心的文化遗产观

文化遗产是人民大众创造的，必须为人民大众服务，由人民大众共享。保护利用文化遗产必须发动人民、依靠人民。习近平总书记指出："保护和传承文化遗产是每个人的事。

只有我们每个人都关心和爱惜前人给我们留下的这些财富,我们民族的精神和独特的审美情趣、独特的传统气质,才能传承下去。"新时代新发展理念强调共享,2020年,习近平总书记在主持中共中央政治局第二十三次集体学习时指出:"要把历史文化遗产保护放在第一位,同时要合理利用,使其在提供公共文化服务、满足人民精神文化生活需求方面充分发挥作用。"他提出,"推进文物合理适度利用"的目的,是要"使文物保护成果更多惠及人民群众"。体现了新的发展理念对文化遗产保护的根本要求。

3. 科学辩证的文化遗产观

习近平总书记关于文化遗产的重要论述体现了古为今用、洋为中用、辩证取舍、推陈出新的理念,既强调植根文化沃土汲取前人的智慧,又以马克思主义真理的力量激活中华文明的基因,还注重统筹文化遗产的保护与利用、传承与创新,在传统与现代的有机衔接中赋予中华优秀传统文化新的时代内涵。他辩证地指出,"并不是对这些自然景观和人文景观捂得严严实实的,一动也不能动,而是要在坚持保护的前提下进行适度合理开发和建设,通过适度合理开发和建设来实现更好的保护"。习近平总书记把保护文物和传承中华优秀传统文化联系在一起,强调传承中华文化绝不是简单复古,也不是盲目排外,而是古为今用、洋为中用,辩证取舍、推陈出新,摒弃消极因素,继承积极思想。

4. 开放交流的文化遗产观

纵观中华民族的发展史,开放则兴,封闭则衰,"文明因交流而多彩,文明因互鉴而丰富"。习近平总书记站在人类文明发展的历史高度,以宏阔视野揭示了人类文明多样、平等、包容的本质,提出了"文明交流互鉴"的深刻命题,倡导以"文明和谐"理念引领人类文明发展,廓清了人类文明进步和世界和平发展道路上的迷雾。他提出,"我们要共同倡导尊重世界文明多样性,坚持文明平等、互鉴、对话、包容,以文明交流超越文明隔阂、文明互鉴超越文明冲突、文明包容超越文明优越";他指出,"中华文明具有突出的包容性。中华文明从来不用单一文化代替多元文化,而是由多元文化汇聚成共同文化,化解冲突,凝聚共识。中华文化认同超越地域乡土、血缘世系、宗教信仰等,把内部差异极大的广土巨族整合成多元一体的中华民族。越包容,就越是得到认同和维护,就越会绵延不断。中华文明的包容性,从根本上决定了中华民族交往交流交融的历史取向,决定了中国各宗教信仰多元并存的和谐格局,决定了中华文化对世界文明兼收并蓄的开放胸怀"。这些论述为我们科学对待文化遗产指明了方向。

三、践行：习近平总书记关于文化遗产保护的重要论述指引的发展之路

文化是一个国家、一个民族的灵魂，文化兴则国运兴，文化强则民族强。习近平总书记深刻指出："中华优秀传统文化是中华文明的智慧结晶和精华所在，是中华民族的根和魂，是我们在世界文化激荡中站稳脚跟的根基。"做好新时代的文化遗产保护传承工作，必须坚持中国特色，必须懂得中国国情，必须走中国道路。习近平总书记关于文化遗产保护的重要论述为我们指明了方向，是我们探索符合中国国情的文化遗产保护传承之路的行动指南。

1. 保护文物也是政绩

近年来，我国不断加强对文物的系统性保护，逐步做到了应保尽保。习近平总书记强调，各级党委和政府要增强对历史文物的敬畏之心，树立保护文物也是政绩的科学理念。保护文物功在当代，利在千秋。

2016年6月，宿白、谢辰生、黄景略、张忠培等4位考古学家给习近平总书记写信，提出《关于良渚遗址申报世界文化遗产、标示中华五千年文明的建议》。习近平总书记作出重要指示，"要加强古代遗址的有效保护，有重点地进行系统考古发掘，不断加深对中华文明悠久历史和宝贵价值的认识"。三年后，良渚古城遗址正式列入《世界遗产名录》。

习近平总书记频繁访问革命圣地。2021年，在中国共产党成立一百周年之际，他作出"各级党委和政府要把革命文物保护利用工作列入重要议事日程，加大工作力度，切实把革命文物保护好、管理好、运用好"的重要指示。

在城乡文化遗产中，有许多建筑承载着丰富多彩的民族民间文化。2015年1月，习近平总书记在云南大理考察时指出，"新农村建设一定要走符合农村实际的路子，遵循乡村自身发展规律，充分体现农村特点，注意乡土味道，保留乡村风貌，留得住青山绿水，记得住乡愁"。习近平总书记指出，"要像爱惜自己的生命一样保护好城市历史文化遗产"。

系统、科学地保护历史文化遗产是当代中国经济社会发展的重大命题，是传承中华文明、彰显文化自信的科学实践。

2. 文化认同是最深层次的认同

2022年7月12日至15日，习近平总书记在新疆考察时指出，"中华文明博大精深、源远流长，是由各民族优秀文化百川汇流而成。要加强中华民族共同体历史、中华民族多元一体格局的研究"。文物承载灿烂文明，传承历史文化，维系民族精神。文化遗产反映历史记忆，凝

结传统审美,体现习俗规范,彰显精神价值,具有强大的凝聚力和感召力,是文化认同中最广泛、最深层、最自觉、最直观的文化资源。习近平总书记强调,要端正历史文化认知,突出中华文化特征和中华民族视觉形象。因此,我们要多角度、全方位构建展现中华文化共同性的话语体系和有效载体,让中华文化通过实物实景实事得到充分展现、直抵人心,教育引导各族群众树立正确的国家观、民族观、宗教观、历史观、文化观,增强对伟大祖国、中华民族、中华文化、中国共产党、中国特色社会主义的认同。习近平总书记身体力行,部署推动展现中华文化符号的重要文化遗产的保护利用,作出"建好用好国家文化公园"的重要指示。目前,国家文化公园体系建设稳步推进,为传承中华文化、赓续历史文脉提供了深厚滋养。

3.让更多文物和文化遗产活起来

文化遗产要在保护中发展、在发展中保护。在习近平总书记的亲自指导和推动下,"让更多文物和文化遗产活起来"成为新时代文物工作的鲜明标识。我们要进一步推动文物活化利用,守护好、传承好、展示好中华文明优秀成果。

一是要强化研究阐释。进入21世纪以来,我国陆续启动"中华文明探源工程""考古中国"等重大项目,围绕有关中华文明和中华民族历史的重要问题进行联合攻关,进一步回答好中华文明起源、形成、发展的基本图景、内在机制以及各区域文明演进路径等重大问题。

二是要推进创造性转化、创新性发展。今人既要传承弘扬中华优秀传统文化,更要超越历史,建设中华民族现代文明。要运用现代科学技术,做好文物展览展示,推动文化遗产创意产业发展,促进文物与教育、文物与文化消费、文物与旅游等融合发展。只有这样,才能开拓出新的境界,铸造出新的辉煌,创造出无愧于时代的新文化。

三是要"讲述好中国故事、传播好中国声音"。如果不从源远流长的历史连续性来认识中国,就不可能理解古代中国,也不可能理解现代中国,更不可能理解未来中国。这就要求我们在文物保护利用和文化遗产保护传承的过程中进一步加强研究,讲好文物背后的故事,不断提升对中华文明历史与发展的科学认知。我们要秉承平等、互鉴、包容的文明观,向全世界讲好中国历史故事、阐发中华民族精神、构建文明大国形象,推动中华文化更好地走向世界、造福世界。

4.努力走出一条符合国情的文物保护利用之路

2016年4月,习近平总书记对文物工作作出重要指示,要求统筹好文物保护与经济社会发展,切实加大文物保护力度,推进文物合理适度利用,努力走出一条符合国情的文物保护利用之路，为实现"两个一百年"奋斗目标、实现中华民族伟大复兴的中国梦作出更大贡献。

辉煌的历史、广袤的疆域、一体多元的文化造就了中国文化遗产资源的鲜明特征。在管理体制上，我国形成了属地管理、分级负责的管理模式。近年来，文化遗产保护工作者更加注重研究阐释中华文明的突出特性，主动对标到将马克思主义基本原理与中华优秀传统文化相结合上。各级党委和政府进一步增强了对历史文物的敬畏之心，树立保护文物也是政绩的科学理念，更加注重统筹好文物保护与经济社会发展，保护第一、加强管理、挖掘价值、有效利用、让文物活起来。新时代文物工作方针更加注重文物工作的系统性，更加注重挖掘文物的时代价值。文物领域的治理体系更加完善："先考古、后出让""先调查、后建设"制度设计和配套政策的推行，极大地避免了基本建设中的文物破坏现象；国有综合博物馆免费开放政策的实施，丰富了人民群众的文化生活，促进了公共文化的均等性和普惠化；涉案文物三方鉴定机制、检察机关文物公益诉讼、文物巡查监控体系、文物行政执法体系等的建立，有效保障了文物安全、文物尊严。符合中国国情、具有中国特色的文物保护利用之路初步形成。

四、领悟：习近平总书记关于文化遗产保护的重要论述蕴含的丰富内涵

习近平总书记关于文化遗产保护的重要论述，内涵丰富、逻辑严密、体系完备，既关涉中华优秀传统文化，也强调借鉴人类社会一切优秀文化成果，既有理论上的突破和创新，又有对实际工作的部署和要求。

1.文化遗产是中华优秀传统文化的重要内容

文化遗产是历史积淀下来的，是悠久历史和灿烂文化不可或缺的重要见证。习近平总书记高度重视文化遗产的保护传承，多次作出重要指示批示，要求全面提升文物保护利用和文化遗产保护传承水平。习近平总书记强调："要加强文物保护和利用，加强历史研究和传承，使中华优秀传统文化不断发扬光大。"他指出："历史文化遗产承载着中华民族的基因和血脉，不仅属于我们这一代人，也属于子孙万代。"这些论述给人以深刻的启迪，充分展现了习近平总书记强烈的历史担当、深厚的文化情怀。

2.文化遗产是坚定文化自信的历史之基

文化遗产体现了人类的历史、智慧、科学技术、人文精神和丰富情感。中华文明源远流长、博大精深，是世界上唯一没有中断的文明，是流淌在每一个中国人血脉里的文化认同和

文化自信。文化遗产让这份认同持续深化,让这份自信凿凿有据。习近平总书记指出,"让文物说话、把历史智慧告诉人们,激发我们的民族自豪感和自信心,坚定全体人民振兴中华、实现中国梦的信心和决心"。

3.文化遗产是经济社会繁荣发展的促进力量

文化遗产是社会繁荣发展的不竭动力与宝贵财富,加强文化遗产保护,对于优化城乡环境、彰显地域魅力、展现文化多样性具有不可替代的作用。习近平总书记在福建工作期间,对文物和文化遗产保护工作就极为重视,不仅提出了许多前瞻性的意见和观点,并且推动了一系列保护文化遗产的开创性实践,为延续福建文化的"根"与"魂"奠定了坚实的基础,也给福建人民留下了宝贵的精神财富。2016年,他在全国文物工作会议召开前夕作出批示:"文物承载灿烂文明,传承历史文化,维系民族精神,是老祖宗留给我们的宝贵遗产,是加强社会主义精神文明建设的深厚滋养。"习近平总书记对待文化遗产的科学理念,是马克思主义辩证唯物主义、历史唯物主义思想在新时代文化领域的深刻体现,为我们科学处理文化遗产保护与经济社会发展的关系指明了方向。

4.文化遗产是构建人类命运共同体的重要载体

习近平总书记主张吸收和借鉴包括资本主义文明在内的一切人类文明的有益成果。他既重视学习借鉴中华优秀传统文化,又始终强调要"用人类创造的一切优秀思想文化成果武装自己",倡导"我们要虚心学习借鉴人类社会创造的一切文明成果","我们应该从不同文明中寻求智慧、汲取营养,为人们提供精神支撑和心灵慰藉,携手解决人类共同面临的各种挑战"。2019年,他在北京举行的亚洲文明对话大会开幕式上说:"我访问过世界上许多地方,最吸引我的就是韵味不同的文明。"党的十九大将"要尊重世界文明多样性""推动构建人类命运共同体"等写入报告,为文化遗产工作践行习近平新时代中国特色社会主义思想提供了遵循。

武陵山(渝东南)文化生态保护促进文化旅游业发展的思考①

牟元义

(重庆市文化和旅游研究院)

【摘要】本文旨在探讨文化生态保护与旅游业高质量融合发展的路径,选取具有丰富文化遗产和独特地域特色的武陵山区(渝东南)土家族苗族文化生态保护实验区作为研究对象。通过深度分析文化生态保护与旅游高质量融合发展的价值意义、发展模式、当下困境,提出基于品牌塑造、区域联动、设施与产业升级、龙头企业带动等多维度的发展策略思考。实践表明,这些策略对于推动重庆市文化生态保护与旅游产业的高质量融合,实现经济效益、社会效益与生态效益的和谐统一具有重要的现实意义,可供决策参考。

【关键词】文化生态保护;旅游;高质量融合发展

"文化生态保护区"是我国政府加入联合国教科文组织《保护非物质文化遗产公约》之后,将非物质文化遗产保护的主要诉求与相关的物质文化遗产、生态环境保护有机结合,构成的一种新型文化遗产整体性保护方式和特色文化区域可持续发展模式,在国际上是一项创举,对我国的非遗保护和传承发展水平、旅游业发展水平等具有重要的提升作用。随着旅游业的蓬勃发展,文化生态保护与旅游开发的关系日益紧密,如何在保护和传承文化遗产的同时实现旅游业发展,是摆在我们面前的重要课题。

武陵山国家级文化生态保护区是我国为了保护具有重要价值的武陵山区土家族、苗族以及其他民族的非物质文化遗产及其生态环境而设立的特定区域。该保护区包括鄂西南地区[武陵山区(鄂西南)土家族苗族文化生态保护实验区]、湘西地区[武陵山区(湘西)土家族苗族文化生态保护区]、渝东南地区[武陵山区(渝东南)土家族苗族文化生态保护实验

---

① 本文为文旅部课题"文化和旅游融合发展促进共同富裕模式研究"研究成果,项目号:23DY21。

区]等区域。从2014年8月文化部批准在渝东南设立"武陵山区（渝东南）土家族苗族文化生态保护实验区"（以下简称"渝东南实验区"）以来，通过近十年的探索，渝东南实验区初步实现了"遗产丰富、氛围浓厚、特色鲜明、民众受益"的文化生态保护目标，与旅游业"遵循科学合理路径，追求经济效益，兼顾社会进步和环境保护，实现全面、协调、可持续发展"的发展目标有效契合。

一、发展取得的成效

1. 资源保护展新篇

渝东南实验区总面积1.98万平方公里，包括黔江、武隆、石柱、秀山、酉阳、彭水"两区四自治县"，有苗族、土家族等48个少数民族，少数民族人口约215万人，占全市少数民族总人口的80%以上，是重庆市唯一集中连片、全国为数不多的以土家族和苗族为主的少数民族聚居区。

2014年前，渝东南实验区有国家AAAAA级景区2个，AAAA级景区4个，分别占全市的33.3%、25%。经过近十年的文化生态保护，重庆市国家AAAAA级旅游景区从6个增加到12个。其中，渝东南实验区新增阿依河景区、濯水景区，增长100%。重庆市国家AAAA级旅游景区从110个增加到150个，其中渝东南实验区新增蚩尤九黎城、乌江画廊、洪安边城等25个，新增中国少数民族特色村寨26个，中国特色村寨（镇）78个，新增武隆仙女山国家级旅游度假区。渝东南实验区现有武隆喀斯特景区世界自然遗产，4个中国民间艺术之乡，4个全国重点文物保护单位，4个中国历史文化名镇，数量高于全市区县平均水平。民族性始终是最为重要的区域文化要素之一，其本身所具有的强烈象征性意义值得我们重视和关注[1]。通过文化生态保护，渝东南实验区成为重庆市文旅景区最为密集的地区，具有鲜明的民族特色品牌文化资源，为重庆文旅业的发展提供了坚实的基础。

2. 非遗传承开新局

经过近十年的文化生态保护，渝东南实验区国家级非遗代表性项目由2014年的9项增至2024年的13项，其各区县平均高于全市新增水平160.9%；国家级代表性传承人由8人增至13人，其各区县平均高于全市新增水平43.4%。目前，第六批国家级非遗代表性传承人已公示，重庆共15人上榜，其中渝东南实验区4人，其各区县平均高于全市新增水平40.8%。渝

---

[1] 侯明明.文旅融合背景下地域文化与文创产品设计的融合研究[J].包装工程，2023(16):341.

东南实验区重庆市级代表性项目由116项增至166项,其市级代表性传承人由120人增至220人,均高于全市区县平均水平。

渝东南实验区积极组织师带徒,培养传承人500余人次,组织非遗工坊20余家,培养传承人2000余人次。成功打造出酉州苗绣、西兰卡普、石鸡坨土陶、半山里陶等一批蕴含民族文化且富有地方特色的旅游文创品,计有1000余种,部分产品入选重庆好礼和外事礼品,为旅游业发展带来可观收入。

推动"非遗进校园"品牌活动常态化、规模化,渝东南实验区的重庆旅游职业学院、石柱民族中学等8个学校的项目入选"非遗进校园"优秀实践案例。

渝东南实验区在现代声光电及舞台艺术配合下,以川江号子、苗族民歌、土家摆手舞、鞍子苗歌等非遗为主要艺术载体的旅游演艺,使非遗资源得到重新活化利用。按照"一区县一品牌"目标,十年以来相继推出《娇阿依》《印象武隆》《梦幻桃源》《濯水谣》《天上黄水》等非遗旅游演出剧目,近十年来共计演出4000余场,观众350余万人次,成为非遗与旅游融合示范案例。

文化生态保护区的独特性在于把文化遗产、环境、人等因素作为一个整体进行考量,体现了中国人的聪明和智慧,是中国人在非遗保护中的创新[①]。渝东南实验区新打造了渝东南非遗馆(濯水古镇)、黔江三台书院,武隆后坪天池苗寨、酉阳何家岩、秀山西街等生态博物馆,以传承人现场展示,增进与游客的互动,集中活态展示非遗。

3. 以文促旅建新功

渝东南实验区在创建中大力整合资源,近十年来创新推出小南海特色文化生态景区、阿蓬江流域民俗文化生态景区等10余个特色文化生态景区,相继成为新兴的旅游打卡地和核心吸引物。渝东南实验区的武隆区荆竹村被联合国世界旅游组织评为"最佳旅游乡村"。渝东南秀山西街民俗文化景区、石柱西沱古镇等11个项目入选首批"全国非遗与旅游融合发展优选项目名录"。黔江濯水景区、武隆喀斯特旅游区、酉阳龚滩古镇、彭水阿依河景区4个项目入选重庆市2022年度"非遗和旅游融合发展"十大优秀案例。

重庆市已举办了七届渝东南生态民族旅游文化节、七届中国·重庆(石柱)康养大会,并创新举办了2022武陵山国际森林音乐季、2022武陵山原生民歌大赛、2023武陵山冰雪季等重大文旅活动,以及每年一度的"文化遗产日"等非遗节庆赛事活动30余项。

---

① 陈华文.文化生态保护区:非遗保护的中国实践[N].光明日报,2018-06-02(12).

此外，重庆市还统筹推动渝东南、武陵文旅推广中心联盟，充分发挥旅游载体渠道作用。常态化开展"最炫武陵风"文旅融合系列产品推介，邀请央视《乘着大巴看中国》《艺览吾"遗"——非遗文化寻访特别节目》节目组走进渝东南拍摄。其中，《艺览吾"遗"——非遗文化寻访特别节目》系列节目全网累计曝光量近1.5亿人次，微博主话题累计阅读量超6530.8万人次。以重庆非遗抖音号、微信公众号、订阅号和6个区县融媒体中心为支撑，组建形成非遗线上新媒体传播矩阵，年均发布量1500条次以上，阅读受众5000余万人次。

二、面临的困境

1. 基础设施配套与文旅发展不匹配

一方面，渝东南实验区呈现出民族杂居、风光独特、人文荟萃的鲜明特色，是其促进旅游业发展的优势所在。另一方面，渝东南实验区大多地处偏远，交通、水源、住宿、餐饮、卫生等基础设施落后，与旅游业发展需要的通达性、便捷性、舒适性不相适应，无法满足游客对高品质旅游服务的需求，限制了渝东南实验区旅游接待能力，游客体验满意度不高。渝东南实验区地形复杂多样，多为高山深谷，发展交通投入大、施工难，导致部分地区交通不便，直接影响了游客旅游的通达性。过去一段时间，该地区大多数游客只能集中在AAAAA级景区武隆仙女山、酉阳桃花源等交通相对便利、知名度较高的景点，而其他旅游资源丰富和自然风光独特的地区则未能得到充分开发和利用，旅游市场潜力未得到充分释放。

2. 文化生态保护的体制机制不利于文旅发展

文化生态保护区建设是我国对非遗保护管理的创新探索，是中国社会治理特色的具体体现。[1]由于文化生态保护涉及自然资源、文化传承、环境保护等多个领域，需要多部门协同管理，区域协调与统一管理难度大。渝东南实验区跨越重庆市的黔江、武隆、酉阳、石柱、彭水、秀山二区四县，旅游资源丰富且分布广泛，不同地区之间的旅游规划、管理和服务标准不一，导致资源整合难度大，难以形成发展合力。在文化生态保护的旅游开发中涉及多方利益主体，由于分配机制不合理，旅游收入可能存在偏向大型企业、外来投资者或者地方政府的情况，而本地社区居民的实际贡献可能没有得到充分认可和回报，这在一定程度上阻碍了本地社区对文化生态保护的支持和旅游业的可持续发展。

---

[1] 宋俊华.文化生态保护区建设：非遗保护的中国探索[N].中国文化报,2019-03-01(4).

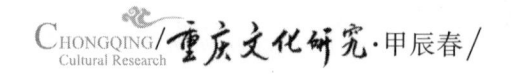

3.资源保护与开发产生矛盾

在推进渝东南实验区旅游开发的同时,有效地保护和传承当地的民族文化,有效地保护当地的自然生态环境,是重要的目标任务。旅游开发往往会带来大量游客,这会给文化遗产地的自然生态环境造成直接压力,如过度拥挤、环境污染、垃圾处理、噪声污染等,都会对原有的自然与文化生态环境造成破坏,使其失去原有特色,影响非遗的真实性和完整性。旅游大规模的设施建设,会对历史建筑、遗址遗迹等造成潜在威胁,比如不当地修复、改扩建甚至新建工程,有可能在一定程度上破坏文化遗产的真实性与完整性。

4.文旅品牌塑造缺失

如何精准定位市场并打造具有国际影响力的旅游品牌是文化生态保护区促进旅游发展的关键问题。文化生态保护区的非遗保护和利用在与旅游融合的过程中容易走向表面化、表演化。渝东南实验区还存在对其居民原本的生活方式和传统技艺挖掘不够,文旅品牌培塑乏力等问题,不利于其非遗的真正传承和发展。例如,渝东南实验区部分区县还没有在国内叫得响、吸引力强的拳头旅游产品,各区县还存在旅游产品竞争同质化、特色不够鲜明等问题,未能充分挖掘和展示当地独特的民族文化和生态资源。

5.文旅发展面临人才短缺瓶颈

文旅企业是推动旅游业发展的引擎,提升文旅企业的管理水平是突破当前旅游业发展瓶颈的关键。渝东南实验区的大多数企业在文化生态保护区促进文化旅游发展中缺乏长远的战略发展规划,对文化与旅游资源的整合、产业链延伸以及差异化竞争策略考虑不足,带动作用发挥不够明显,组织架构不适应文旅融合发展的需求,融资渠道单一,资本运作能力较弱,这导致渝东南实验区难以吸引社会资本前来参与其文旅项目的长期投资。部分国有文旅投资、管理企业处于负债经营状态,甚至有个别企业资不抵债。国有文旅企业既懂文化又懂旅游的专业复合型人才较为缺乏。

三、对策思考

1.持续夯基固本,提升基础设施建设与产业发展能级

推动文化生态保护和促进文旅发展,首要任务就是加强交通、通信、能源等基础设施建设,提高主要景区、文化遗址等的可达性和便捷性。渝东南实验区应增设或优化公交线路,打造绿色出行环境,完善更新基础设施,对现有的文化设施,如博物馆、非遗展示馆、民俗文

化村等进行维护翻新,并结合现代科技手段,提升展示效果和服务水平。自近代旅游业发端以来,旅游发展高度依赖技术进步的事实一再被证明。加强文旅资源数字化建设,运用虚拟现实(VR)、增强现实(AR)、混合现实(MR)等技术对文化遗产进行数字化呈现,方便游客进行远程体验,同时也能更好地进行数据保存和研究。渝东南实验区提升产业发展能级,必须建立大融合观,构建"文旅+"全产业链,推动文化产业、旅游产业及其他相关产业如康养、体育、教育、科技等跨界融合,延长产业链,推出更多更新的文旅融合产品,创造更多附加值。引入社会资本投资,鼓励和支持企业和社会力量参与渝东南实验区的建设和运营,通过公私合作(PPP)等方式,引入更多优质项目和服务,激发渝东南实验区的发展活力。

2. 完善体制机制,提增文旅发展聚合力

文化生态保护与旅游开发要建立和完善跨区域的文化生态保护制度和政策体系,打破行政壁垒,加强制度项目衔接,保障文化生态保护区之间的有效联动,不断提升区域整体联动力、聚合力。各个保护区之间可以分享优秀的保护经验、科研成果和技术手段,共同挖掘和利用各类文化生态资源,形成互补优势。其中,渝东南实验区的武隆区以世界自然遗产地的山地自然风光为主,酉阳、黔江以乌江百里画廊、濯水、小南海等水资源为重点,彭水以蚩尤九黎城世界苗乡风情展示为主,石柱、秀山以土家族、苗族少数民族风情展示为长。将文物与非遗保护相结合,自然遗产保护与文化遗产保护相结合,文化遗产保护与历史名城名镇名村保护、传统村落保护、美丽乡村建设等相结合,只有这样才能对渝东南实验区进行整体性保护,实现区县联动融合,不断推动生态文化旅游发展。

3. 兼顾保护与开发,实施大武陵山生态文化旅游

守护文化生态,就是留住非遗的"绿水青山",也是开启文旅发展的"金山银山"。渝东南实验区应贯彻落实国家旅游业发展总体部署,创新开展生态文化旅游,引领绿色消费潮流,为打造跨区域特色旅游功能区积极实践探路。按照"在发展中保护,在保护中发展"的思路,推动武陵山生态文化旅游区资源循环利用,采用节能减排技术和清洁能源,实现旅游业绿色发展,使文化生态与自然生态和谐共生,同时推动区域经济、社会、文化的全面可持续发展。加强生态环保设施建设,强化保护区内的垃圾处理、污水处理,确保在保护和传承文化的同时,不破坏生态环境。

4. 强化品牌塑造,推出具有地域文化辨识度的旅游新品

渝东南实验区应在文化生态保护的基础上,为重庆打造世界知名旅游目的地作出探索和尝试。打造具有地域特色的沉浸式体验项目,依托特色文化资源,创造和推广具有重庆标签、武陵山特色的文化旅游IP（知识产权）。举办大型文化节庆活动，吸引国内外游客关注，提升知名度和影响力。围绕现代化和全球化，结合重庆网红元素和市场需求，创新具有国际范、时尚性的旅游新品和特色服务。

5.提升企业核心竞争力，为文旅发展提供保障

文化生态保护区发展旅游需要龙头企业的带动和支撑，渝东南实验区应科学规划、精准施策、多元投入、合理布局以及强化人才培养和技术创新，不断提升文旅企业的核心竞争力，切实加强文旅企业的"瘦身轻装"减负改革，重点培育国有龙头企业成为专注核心业务、具有较强市场竞争力的现代化新型文旅企业。加强国有文旅企业与民营企业的合作，引导支持民营文旅企业在打造景区特色服务项目、高端服务品牌、"园中园"或"景中景"、精品民宿等方面下功夫，为游客提供个性化、高端化服务。改变文旅企业重投资、轻运营的现状，建立文旅企业经理人制度，吸纳社会优秀专业运营人才或团队参与文旅企业管理。建立企业负责人与营收挂钩制度，做到能进能出，能增能减。建设有影响力的"武陵之花"人才品牌培育工程、"非遗推荐官"选拔工程，培养既懂文化又懂生态保护的专业人才，将其充实到渝东南实验区文化生态保护的服务队伍中。

渝东南土家族社会风俗文化概述

向笔群[①]

(铜仁学院)

【摘要】风俗是特定社会文化区域内历代人们共同遵守的行为模式或规范。渝东南各个不同的土家族聚居地,具有土家族风俗文化的普遍性和特殊性,也就是具有相同或相异的社会风俗文化。渝东南土家族社会风俗文化包含白虎崇拜、蛮王崇拜等社会风俗,对其进行深入研究,有利于了解渝东南土家族人的文化心态和行为模式。

【关键词】渝东南;土家族;社会风俗文化

风俗是特定社会文化区域内历代人共同遵守的行为模式或规范。社会风俗是历代相沿积久、约定俗成的风尚、礼仪、习惯的总和,是人们在衣食住行、婚丧礼俗、岁时节庆、生产娱乐、宗教信仰等方面广泛的行为规范。同时也是一个国家、民族或地区的物质生活、科学文化、价值观念、文化心理、个性特征等社会物质文明和精神文明在日常生活中的集中反映。不同的学者与专家对生活风俗的界定和分类不同,但是都认同社会风俗文化是一个民族社会进程行为规范的总和。在社会发展的历程中,每一个族群都形成了自己独特的社会风俗文化,社会风俗文化亦反映了各族群的历史发展进程。

社会风俗文化具有一定的地域性,同一民族的社会风俗文化在不同地域有不同的表现形式,渝东南土家族也不例外。渝东南各个不同的土家族聚居地,既具有土家族风俗文化的普遍性,也具有各自的特殊性,也就是具有既相同又相异的社会风俗文化。

土家族是一个历史悠久的少数民族,在渝东南这片多彩的土地上,生活着众多的土家族人。土家族社会风俗文化包含许多与农耕生活有关的内容,包含白虎崇拜、蛮王崇拜等

[①] 本文参考自向笔群《贵州土家族风俗风情文化研究》,团结出版社,2016年。渝东南与贵州沿河等地区的土家族社会风俗文化基本类似。——编辑注

社会风俗,体现了土家族悠久的历史文明和文化生活形态。渝东南土家族文化的内核,形成了当地土家族独特的地理文化标志。

一、白虎崇拜

白虎崇拜是土家族原始宗教文化的内容,是远古人类自然崇拜和祖先崇拜相结合的一种原始信仰。土家族是古代巴人之后裔,自称"毕兹卡"。有观点认为,"毕兹"是巴人对白虎的称呼。

土家族自称"白虎之后",其图腾崇拜主要是虎图腾崇拜。每家的神龛上常年供奉一只木雕的白虎。结婚时,男方堂屋大方桌上要铺虎毯。除节庆进行宗教式的虔诚敬祭外,土家族日常生活中也随处可见白虎的影子,其意在用虎来驱恶镇邪,祈求平安幸福。"白虎"物象为土家族文化建构了一个内核,形成了土家族各个历史演变阶段独特的"白虎文化"。

渝东南土家族和其他区域土家族一样,也自称是"白虎"之后,白虎崇拜显然成为其社会风俗的重要内容,酉阳、秀山、黔江、石柱等土家族家中堂屋神龛上常年供奉一只木雕白虎,或挂一幅白虎画像,以驱邪压邪。白虎在渝东南土家族的文化中具有十分神圣的地位,突出了土家人勇猛精进的传统文化精神。这种文化精神成为其民族心理意识的基础,具有显著的土家族文化特征,反映在渝东南地区土家族社会生活的方方面面。

二、土王崇拜

凡有土家山寨处,必有土王庙或土王祠。所谓"土王",顾名思义,就是本土的首领、头人。有的地方专指土司。土王崇拜最初是基于对本土首领等扩展领地、保境安民的感恩,久而久之,便成了一种民间的宗教信仰。土家先民认为人的灵魂不灭,土王在世时,管理他的子民,死后灵魂仍在照管人间的一切。土家《梯玛歌》唱道:

> 土王爵爷哩,年瘟日瘟莫拖来哩,天瘟地瘟莫拖来哩……孙们儿们哩,靠着你们哩,打猎要得野兽,捉鱼要得大鱼……那个小米穗穗哩,像牛缆索一样的,那个苞谷坨坨哩,像水牛角一样哩……①

这歌词就反映了土家人的土王崇拜。

---

① 向笔群.贵州土家族风俗风情文化研究[M].北京:团结出版社,2016:11.

土家人为了表达对土王的崇拜,除修建土王庙或土王祠(图1)供奉土王外,在土王生日或忌日,合寨男女老少会齐到土王庙举行庙会,"伐鼓以祭祀,叫啸以兴哀"。改土归流后,儒家思想、宗法制度对土家人影响越来越大,土家人修建宗族祠堂、编修族谱的越来越多,对宗族祖先的祭祀也愈加注重。凡是逢年过节,渝东南土家族人都要祭祀"土王",这是当地一种特殊的社会风俗现象,表达了土家人的感恩意识和不忘祖先的传统。

图1 土王祠

三、蛮王崇拜

蛮王崇拜是渝东南土家族最为独特的风俗文化。

图2 龚滩对面的蛮王洞

酉阳龚滩土家族自称蛮王的后代,他们对祖先极其崇拜。龚滩对面贵州沿河新景乡乌江边悬崖上有一个蛮王洞(图2),每年都有大批的土家人到那里祭祀祖先,拜祭蛮王。蛮王洞因洞内供有蛮王神像而得名。相传古代有一位蛮王藏兵于此,后人为纪念他的历史功绩,在洞内建庙塑像,安置住持僧,常年焚香膜拜。寺庙和神像建于何时已无法考据,清咸丰元年(1851)曾进行维修。每年农历正月十五为朝拜蛮王日,方圆几百里的土家人前来焚香献贡,祈祷蛮王保佑平安。洞口寺庙名叫"财神阁",说明当地土家人认为蛮王既是其祖先同时又是其心目中的财神。土家人的财神信仰,源自流传于乌江流域的"酉溪四财神"传说。在很久以前,土家先民在严、罗、冉、唐四大首领的带领下,沿着乌江来到酉溪。为了生存,四大首领叫手下用檀香木生火,并向天神祈祷,保佑平安,他们的行动感动了天帝,于是天帝赐给四大首领每人一块金砖,让其成为财神。这个传说被当地土家人一代一代传下来。渝东南土家族堂屋神龛上常见"酉溪显化求财有感四官位"。

四、摆手舞

摆手舞(图3、图4、图5)被称为"舍巴",是土家族重要的社会文化形态,主要流传于渝、鄂、湘、黔交界的乌江、酉水河流域,渝东南的酉阳、秀山等地是其主要传承地。摆手舞分为大摆手和小摆手两种类型。

图3 摆手舞之一

酉阳摆手舞是一种以摆手为基本特征的祭礼舞蹈,大摆手由多个村寨联办,一般在大摆手堂举行,主祀八部大神,主要表现古代战争等宏大场面,舞风粗犷。先由"土老司"手举扫帚,唱起扫邪歌,然后摆手队伍举着龙凤大旗,打着溜子、围鼓,吹着牛角、土号、唢呐,燃放三眼炮和鞭炮,身着西兰卡普,头包花巾,扛着神棍,在一声"喂嗬"中入场,热闹非凡。舞蹈动作以单摆、双摆、回旋摆等基本动作为主,热烈豪放,生活气息浓烈。表演内容有闯堂进驾、开天辟地、人类起源、迁徙定居、耕作劳动、狩猎征战、扫堂送架等,穿插打溜子、唱山歌、吹咚咚喹、打花鼓、唱薅草锣鼓歌。小摆手由姓氏或单个村寨轮流主持,规模较小,时间较短,一般在各村寨的土王祠举行。舞蹈内容包括牛打架、塞冰口、挖地、下种、插田、除草、收割等,舞风柔和细腻,表现出了劳动和丰收时的喜悦之情,动作与其他地区的土家摆手舞有明显差异。摆手舞是祭礼活动中的主要内容,每逢新春佳节,土家人吃罢年夜饭,就扶老携幼,打着灯笼、火把,撑着五彩锦旗,身上披着各种色彩的花被面涌进"摆手堂"。在用牛头、猪头、粑粑、米酒、腊肉等供品祭祀祖宗之后,就开始跳舞。

图 4　摆手舞之二

图 5　摆手舞之三

舞蹈队按领舞人的示意变换队形与动作。在摆动时,绝大部分是顺摆,即摆右手时就出右脚,摆左手时就出左脚,俗称"甩同边手"。摆手舞的舞蹈动作多为土家农事活动、打猎、日常生活、征战场面的再现,有表现农事活动场面的"挖土""撒种""种苞谷"等,有表现打猎场面的"赶野猪""拖野鸡尾巴"等,有表现日常生活场面的"打蚊子""打粑粑""擦背"等,有表现征战场面的"开弓射箭""骑马挥刀"等。人们往往从天黑一直跳到天亮,有时甚至一连跳几个通宵。

虽然同是摆手舞,但在不同地域,各自的演绎动作有所变化。当然,不同地区的摆手舞基本内容和文化精神都与土家族历史发展与社会生活息息相关。

五、栽秧酒、打谷饭

渝东南土家族山寨有很多谚语,其中之一是"栽秧的酒,打谷的饭"。意思是说,栽秧要喝酒,打谷要吃饭。春天栽秧时喝的酒,称为栽秧酒。喝栽秧酒目的之一是御寒;同时,酒与九谐音,九是最大的数字,喝栽秧酒另一个目的是祈求最大的丰收。秋收打谷的时候,一家人打谷,全寨子老人、小孩都要到这家吃饭。饭与发音近,吃发吃发越吃越发。这种习俗与土家人长期的社会生活观念有关,表现了土家人热情、大方、淳朴的性格。目前,酉阳和黔江的一些土家山寨仍然延续着农事生产的这类传统习俗。

六、撵仗

撵仗就是平常土家人的打猎,在酉阳土家族地区又叫赶肉,也叫追仗。撵仗是集体行动,以户为单位,多人出击。撵仗的时间多为秋季,以前,当野兽从山林出来糟蹋红苕苞谷等粮食时,土家寨子的人就会组织起来,齐心合力撵仗。打到猎物,见者有份。四蹄归第一个打中者,项颈给第二个打中者,其余部分按人均分,就是路过的人也有一份,猎物的内脏给撵仗有功的狗。撵仗结束之后还要敬山神与土地神。不难看出,撵仗这种古朴的习俗反映了土家先民原始的狩猎生活方式。

七、尝新节

每年农历六月初六,是土家族的尝新节,这时土家人会品尝刚刚成熟的瓜果谷物,还要用苞谷酒敬神。每年水稻成熟之后,新米做的饭要让狗先吃。这与一个传说有关,表达了土家人感恩的情怀。很久以前，万物都被洪水淹没，正是因为狗的尾巴上黏着一些稻谷，土家人才有了粮食种子，才度过了饥荒。为不忘狗的功劳，每年的稻谷收获之后，新米都会首先煮给狗吃。在渝东南所有土家族地区都有这个风俗，不过各地在某些细节或者传说上有一定差异。

八、跳丧

跳丧是土家族特有的一种古老丧葬仪式。山寨里，无论谁家老人去世，必请师傅到家里来打丧鼓。当夜，唢呐高奏，锣鼓喧天，鞭炮不停。丧鼓一响，相邻村寨的人们齐来奔丧。一般以两人以上的双数舞者在棺木前对舞（图6），跳至高潮时少则可达百人，多则可达上千人前来参与或观看跳舞。

跳丧由执鼓的师傅指挥并领唱丧鼓歌，其他人合唱。其形式分为"待尸""摇丧""哭丧""穿丧""践丧""退丧"等若干段。

首先介绍哭丧。在哭丧时，死者的姊妹、女儿、媳妇用白手帕捂住脸，站在灵柩边用哭腔唱歌，多是对死者生前抚养儿女的歌颂和倾诉生离死别难舍难分之情。歌词如"父母在世苦如牛，早也愁来夜也愁；小时愁我难长大，大了为人难出头；父母恩德高过天，阎王瞎眼把命勾"，"我娘德高不死亡，玉女接引上天堂，极乐世界把福享，只有女儿哭断肠"。

图6　对舞

张安全在《印江土家丧葬》中关于哭丧的叙述，与渝东南相似，现录于此，以供参考。

哭丧的时间主要在堂祭、起丧、发架、引土、安灵、覆山、烧七、买山仪式中和吊丧期间每天晚上过庚的时候。若葬母，外公、外婆、舅父、舅母前来吊丧，孝子要在大门前跪接，儿媳妇必须哭丧。土家人哭丧还有其独特的禁忌：阴阳先生没有为死者开路之前不允许哭丧，哭丧的时候不能将眼泪滴在死者尸身上。①

土家族跳丧有落气、死、坐血河、割棺材、穿衣服、挖药、做斋、望娘、烧福包、朝山、想娘、看地、出灵、扎灵房、五更转、怀胎、献饭等20多个环节，不同的环节唱不同的丧歌，有时是"阴阳先生"领唱，孝子们跟着唱，多是感恩、自责、为亡者祈福的歌词。如，人刚死时，跳丧者就要唱《落气歌》：

> 一张红纸对角裁，狂风一扫落下来。
> 我娘答应书信到，阎王老爷带信来。
> 阎王勾布王转身，恍恍惚惚无人听。
> 白雾今天认不清，天上雷公吼一声。
> 两手伸起不管事，两脚伸起定乾坤。
> 金盆打水你洗手，木盆打水你洗身。
> 周身洗得干干净，我娘穿的素衣襟。
> 多穿衣来多穿鞋，三亲六戚站拢来。
> 三亲六戚点包香，灯要点来香要烧。
> 烧香点灯过金桥，金桥过了十八岁。
> 抬头望见西方路，西方路上一把伞，阳间事情你不管。
> 一天不吃阳间饭，三天就上望香台。
> 望香台上望一望，满堂儿女哭断肠。
> 心想转来望儿女，阎王老爷不允许。
> 三炷青香插灵前，三张纸钱烧下地，我娘吃了走那去。

又如，母亲死亡，孝子为表达对母亲的感恩之情，在跳丧的过程中要唱《十月怀胎》：

---

① 李敦礼.印江土家风情(第一辑)[M].北京：中国旅游出版社，2004:91.

正月怀胎始身轻,无影无踪又无形,
突然身轻头又重,好比水上渡船行,
三操劳作不知累,儿在腹中不知音,
娘亲怀子子时夜,头一月来身闭经。
二月怀胎在娘身,头晕眼花闷沉沉,
饮食茶饭无滋味,东南西北都难分,
孩儿腹中空挣扎,哪知孩儿腹中来,
心想孩儿取姓名,是男是女分不明。
三月怀胎在娘身,四肢无力少精神,
口中无语内心想,酸梅果李口中尝,
嘴上难知甜和苦,茶饭想吃心不欲,
酸甜苦辣心中事,哪会依得娘的心。
四月怀胎在娘身,山珍海味不想尝,
茶饭不敢多来吃,儿在腹中定了根,
茶水不想多来喝,罗裙不敢紧缠身,
心想与夫同生产,坐在屋里难动身。
五月怀胎在娘身,脚炸手软眼昏昏,
想知腹中男和女,要等何时儿临盆。
六月怀胎在娘身,面黄肌瘦哪像人,
血水汗水育儿女,儿在腹中分了肢,
腹中孩儿变成形,喝娘血水瘦娘人,
娘想孩儿焦心重,生下孩儿才放心。
七月怀胎在娘身,好人病人难分明,
早晚行路身子重,连儿带母两个人,
上得坡来难用劲,下得坎来战惊惊,
梳妆洗脸身难动,谁人知道这般情。
八月怀胎在娘身,坐卧不安路难行,
儿在腹中分四向,天天不敢乱出门,

白天茶饭难思想,夜晚难睡到天明,
东家接娘不敢去,西家接娘不敢行。
九月怀胎在娘身,体重人笨难动身,
好比阴阳过日子,或是阴来或是阳,
心想要回娘家去,又怕孩儿半路生,
怀得儿来这般苦,愿在娘家打单身。
十月临盆儿生下,一盆血水透衣襟,
儿奔生来娘奔死,生死只隔纸一层。①

在渝东南土家族聚居的不同地方,跳丧的形式有所不同。不过死者为大,是土家人普遍认同的。

九、土家祝酒辞

图7 土家族宴会

土家族是一个十分讲究礼仪、看重友情的民族。土家人在宴会上往往要致祝酒辞(图7)。祝酒辞属于土家人酒席宴会上的开场白,是主人表示热烈欢迎、问候或者诚挚感谢,客人表示祝福之辞,是一种宴会礼仪形式,具有十分丰富的文化内容。土家人自古喜好饮酒,有事必有酒,无酒不成席,世代传承着"家家会酿酒,敬老先敬酒,请客必有酒"的传统风俗。祝酒辞是土家族民间口头文学的重要组成部分,多为知客或总管临场发挥,内容生动活泼,语

---

① 歌词均是作者自己整理的资料,已收入《贵州土家族风俗风情文化研究》一书中。对个别错字、标点符号做了调整。
——编辑注

言风趣幽默,富有浓郁的乡土气息。渝东南土家族人都喜欢敬酒,一般都是先敬客人三杯酒(以前是三碗),以显土家人的豪爽。"酒儿一喝,知心话就多""薄酒一杯,喝了再吹",酉阳土家人这些俗语反映了当地对酒的重视。主人家生小孩,客人可向主人敬酒说:"端碗米酒你家来,贺喜主家生栋材。"主人热情待客时可说"久闻兄弟好酒量,双龙双凤饮双杯。饮酒要带桃花红,再来一杯面好俏!""列位请把酒杯举,一口喝干满门喜!""告席不要长久论,薄酒五菜慢慢晕①!"等。客人祝福新人时可说:"美酒举起祝新人,新婚幸福乐陶陶!"土家祝酒辞是土家族悠久的宴会习俗产物,是土家族酒文化的具体表现。

十、禁忌

禁忌是指在一些特定文化中或在生活起居中被禁止的行为和思想。被禁止的词语被称为禁忌语,被禁止的物品则被称为禁忌物或禁忌品。每个民族在自己长期的社会生活中形成了与其他民族不同的禁忌。土家族在社会生活和生产中形成了带有自身特色的民风和习俗,其中也包括带有原始宗教色彩和迷信色彩的禁忌。一些禁忌虽然缺乏科学的依据,但是仍然在净化人们的心灵,规范人们的行为。一般而言,禁忌分为伦理禁忌、生产禁忌、生活禁忌、节日禁忌和婚育禁忌等。

伦理禁忌是指在处理人与人、人与社会和人与自然的相互关系时应遵循的道理和准则,是一系列指导行为的观念,是从概念角度对道德现象所做的哲学思考。它不仅包含着处理人与人、人与社会和人与自然之间关系的行为规范,而且也蕴含着依照一定原则来规范行为的深刻道理。渝东南土家族伦理禁忌包括:对祖宗和长辈直呼其名,小孩站在香火前的大桌上,等等。这些都是对祖宗不敬的行为。土家族伦理禁忌繁多,有些至今仍有教化价值。

生产禁忌就是生产过程中的禁忌,是人们在长期的生产中形成的行为规范。渝东南土家族生产禁忌包括:劳动回家扛锄头、穿蓑衣、挑粪桶进屋等。渝东南土家族生产禁忌繁多,很多是原始质朴的观念,迷信色彩较浓,这与当地社会经济发展缓慢有着密切的关联。当然,这些生产禁忌也表现出土家人崇尚自然的一面,他们具有一种把生活和自然现象联系在一起的传统文化心态。

生活禁忌是日常生活过程中的禁忌,土家族的生活禁忌规范着土家人的日常生活。生活禁忌在渝东南的各个土家族地区大同小异。比如忌穿草鞋进入火炕屋,不能用脚踏火炕

---

① 晕,方言,"品尝"义。

及三角锅架,禁在灶门口烤脚,不准在灶上进食,等等。

节日禁忌是人们在节庆期间的禁忌。渝东南土家族节日禁忌基本一致,不同的地区有细微差别。如:过年吃年夜饭要煮米饭,不能吃完,要留一些到下一年吃;大年三十夜要烧疙兜①火,火不能熄灭;等等。一些节日禁忌折射出渝东南土家人对美好生活的向往。

渝东南土家族的婚育禁忌也很多。如:未婚男女不能吃猪蹄叉(当地说法,指猪蹄趾),当地人认为吃猪蹄叉会找不到对象;农历六月初六和腊月初六不能提亲,称为"六(月)腊(月)不行媒";姑娘出嫁前必须开脸拆头;等等。

"开脸"是姑娘出嫁时必须完成的一种仪式,意味着姑娘时期已结束,从此要走出娘家家门,成为别家的人。

开脸时,姑娘要哭着唱《哭嫁》:

> 一根红绳粘上脸,
> 绞得脸上冒香汗。
> 爹妈疼我在心间,
> 如今要受别人管。
> 没有自家过清闲,
> …………

---

① 疙兜,方言,指树根。

姑娘的长辈在姑娘"开脸"时,一定要说吉利话,给予姑娘真诚的祝福:

> 一根红线细又长,
> 弹到姑娘嫩脸上。
> 上弹三线福禄长,
> 下弹三线喜成双。
> 左弹三线生贵子,
> 右弹三线生君王。
> 上下左右都弹遍,
> 恭喜明日当新娘。
> …………①

开脸之后,姑娘要给开脸的长辈红包。"开脸"一般在婚期前一天进行,开脸人须是父母子女双全的妇女。这个活儿多半是由婶娘或嫂嫂来完成。开脸常用的工具有新镊子、染成红色的棉线等。"开脸"仪式寄托着新娘对美的追求,对新生活的憧憬。

女子一生只开脸一次,表示已婚。一般称没开脸的姑娘为"毛头姑娘",也称"黄毛丫头"。未出嫁的姑娘稚气未消,"胎毛"(指汗毛)未褪,不能称作"大人"。因此,姑娘出嫁前,必须"扯脸",扯去脸上的汗毛。

姑娘在"开脸"时,要背对不相关的人,坐南朝北,或坐北朝南,忌坐东西方向。

开脸步骤如下:先给出嫁的姑娘脸上涂些面粉(或干净的草木灰),再涂上一层鸡蛋清;用两股染成红色绞成索的棉线交叉,一手捏线头一端,一手拿住线尾一端,另一根线咬在嘴里;把线贴在姑娘脸部,反复绞去姑娘脸上汗毛,姑娘脸部由此变得细嫩光滑、红润漂亮。开完脸再将姑娘的辫子散开,将头发挽成鬓鬓,并插上簪子等。这个过程不能由寡妇和再婚女子完成。

姑娘出嫁必须由长兄背出大门,这个过程中,姑娘的两脚不能落地,否则就会带走娘家的财气和人气。新娘要穿露水衣、露水鞋,头上包青丝帕,也就是露水帕,身上要藏镜子、剪刀和茅草以辟邪。接亲婆须是福禄双全的妇女(有儿有女),忌寡妇和再婚女子。

---

① 歌词由作者从民间搜集整理而得,各地或有出入。

新媳妇的衣服忌和丈夫、公婆的衣服一起洗,否则就不吉利;家有孕妇,不准在家里的墙壁上钉钉子,不准搬动家具,不准动土;产妇没有满四十天不能到别人家里去玩,否则别人家不吉利;等等。

当然,在今天的社会里,这些禁忌有的有落后的一面,但总的来说,反映了土家人对美好生活的追求。

文化生态视域下载体相同的两种传统体育样式的比较研究

——基于武陵山区渝鄂交界地带"板凳龙"和"板凳拳"的田野调查[①]

向轼

(重庆文理学院非物质文化遗产研究中心)

【摘要】传统体育是在传统社会中以身体运动为基础,以强身健体和愉悦身心为目的的方式和过程。渝鄂边界相同载体的两种传统体育样式在诞生之初就与地方生态和民众生活紧密关联,在漫长的历史演变过程中,也各自形成了独特的传承方式。在高速发展的现代社会中,两种传统体育样式成为凝聚族群、重建乡土和愉悦身心的重要工具,这为我们寻找传统体育在当下社会的生存路径提供了思路。

【关键词】文化生态;传统体育;板凳龙;板凳拳

文化生态是各地区人们在长期与自然相处的过程中所积累和形成的世代相传的原生文化生活,是人们生活经验和智慧的结晶。它与特定区域的地理生态环境、历史文化传承、成员生存生活方式等有着密不可分的关系。文化生态包括两个层面,一是文化事项与其诞生环境构成的文化生态,二是众多不同的文化事项共存的文化生态。某一具体的文化事项与其诞生的环境"鱼水相依",而与其他文化事项一起共兴共荣,构成整个人类文化生态。

传统体育是人们在长期与自然、社会环境相处的过程中形成的以身体运动为基础,以防身、强身健体、愉悦身心为目的的方式和过程。中国传统体育可以分为三种不同类型:军事类体育、娱乐游戏类体育和健身养生类体育。和众多的文化样式一样,传统体育是在特定生态环境和社会历史状况下形成的,与生态环境相依存,也受到社会历史的演变发展制

[①] 本文是重庆市社科规划课题"文化空间视野下渝东南民族村寨的保护与发展研究"(课题批准号:2016YBFX093)和重庆市2015博士后资助项目"民族旅游场域中的族群性演变研究"(xm2015109)的阶段性成果。

约；同时，传统体育也是整个文化大生态中不可或缺的部分，与处于同一环境中的其他文化样式有着千丝万缕的关联。众多文化样式的并存与繁荣，是人类社会文化多样性强有力的体现和例证。在武陵山区深处的渝鄂湘黔交界地带，有两种载体相同的传统民间体育形式——板凳拳和板凳龙，至今还在当地传承。板凳拳诞生伊始，是当地人们用以保家卫国、强身健体的必备本领，是军事类传统体育形式；而板凳龙是当地人在传统社会的节日或仪式场合中，通过身体展演，达到愉悦身心、强身健体目的的娱乐活动，是娱乐游戏类体育形式。它们都以民间不可缺少的生活用具——板凳为共同的传承载体。诞生之初，它们与地方生态和民众生活紧密相连，在漫长的历史演变中，形成了各自独特的传承特征和方式，为适应社会变化，其原初功能也不断变化。在当下文化大生态保护视域下，分析和解读它们的存在状态、传承特征、适应策略以及和当地人文自然生态的关联，对当代社会保护和发展传统体育有着深刻意义。

一、环境造就文化——板凳拳和板凳龙生成之源

武陵山区是我国内陆文化沉积带的腹心地带。著名历史学家张正明说："中国的地形，从西到东，从高到低，大致可分为三级阶梯。长江上游与长江中游的交接地区，位于第二阶梯中段的东缘和第三阶梯中段的西缘。这里是连山叠岭和险峡急流，地僻民贫，易守难攻，历史的节拍比东面的大平原和西面的大盆地要舒缓得多……北起大巴山，中经巫山，南过武陵山，止于五岭，历来是逋逃的渊薮……古代的许多文化事象，在大平原和大盆地上早就被滚滚滔滔的历史大潮冲淡甚至淹灭了，在这里却还有遗踪可寻，所以我把它叫做文化沉积带。这么长又这么宽的一条文化沉积带，在中国是绝无仅有的。"[①]武陵山区植被丰富，木材种类繁多，其中不乏适合建造房屋、制作各种家具及生产器具的原材料。丰富的木材资源也使当地跟木材有关的手工技艺相对发达——这里的房屋建造技艺、家具制作技艺非常精湛（该地区的吊脚楼建造工艺、传统家具制作技艺都先后进入国家级非物质文化遗产名录）。在这一文化带上，生活着土家、苗、侗、仡佬等多个少数民族，其文化多姿多彩，可谓百花齐放。

武陵山区居民以土家族为主。人们逐水而居，分布相对分散，"五山五断头，十沟九不流。耳听人说话，半天难碰头"正是对武陵山区的生动写照。武陵山区粮食以旱地作物玉米、马铃薯和小麦为主，经济作物有油菜、当归、花椒、核桃等。这里多崇山峻岭，夏季冰雹

---

① 张正明.读书·考古·采风——南方民族史的史料学问题[G]//中国民族史学会.中国民族史学会第四次学术讨论会论文集.北京：中央民族学院出版社，1993：224-225.

和暴雨多,自然灾害频繁,土家先民常常食不果腹,衣不蔽体。山高林密的自然条件为野兽的活动提供了便利,人们要时刻提防野兽到牲畜棚以及庄稼地里伤人、伤牲畜和损害庄稼。

新中国成立前,湘鄂渝黔四地接壤地带是盐商和马帮的交通要道,周边的武陵山区地势险恶,沟谷幽深,也是奸商和悍匪的栖息之地。为保护人身和财产安全,土家先民练就了随时随地就地取材习武练拳的本领。久而久之,随手可得的板凳,加上一定步法和套路,便形成了一种拳术。

在生产落后,科技不发达的年代,土家人"靠天吃饭",吃饱肚子都成难题。武陵山区大多数地方的地形是"两山夹一槽",反映了山多地少的自然环境,也表明了当地可供种植的耕地稀少的状况。自古以来,山脉的天然屏障可形成易守难攻之势,中西接合南北交接的地理位置使武陵山区成为南来北往族群的避难和谋生之所。族群聚集众多,有限的土地出产物资匮乏,人们便把养活更多人口的希望寄托于神灵,祈求风调雨顺,五谷丰登。板凳龙便是至今还流传在武陵山区的用来祭祀神灵的一种方式,在地理渊源上,和板凳拳同出一辙。

板凳龙最初源于草把龙。舞草把龙是重庆许多地方都有的活动,清同治年间的《来凤县志·风俗志》载:"五六月间,雨旸不时,虫或伤稼,农人共延僧道,设坛诵经,编草为龙,从以金鼓,遍舞田间,以禳之。"当地人说,板凳龙源于很久以前的一次蝗灾。铺天盖地的蝗虫吃完青苗,还蜂拥到农户家里吃老百姓储藏的稻谷,致使百姓的粮食颗粒无存,饿死者众多。于是人们用稻草扎成龙的样子,舞草把龙以祈求消除蝗灾,舞完后就在田埂上将草把龙烧掉。奇怪的是,草把龙焚烧后的浓烟竟驱赶走了蝗虫,人们于是载歌载舞感谢神灵,认为是龙在保佑他们。此后,舞草把龙的习俗便延传下来。由于草把龙用草扎制,难以支撑到完成各种各样的舞龙动作,人们便想到用方便拿捏而又牢实的板凳来扎制板凳龙。

可见,板凳拳和板凳龙都是当地环境催生的产物,前者是保卫家园的武术技能,后者是祈祷风调雨顺、消除灾祸的仪式。在特定环境产生,与老百姓的生存生活紧密联系,是其在传统社会稳定传承的关键所在。

二、生产生活——板凳龙和板凳拳的传承之基

流传在民间的很多文化样式都与老百姓的生产生活有着紧密关联,武陵山区土家族的

很多民间艺术也不例外,如:摆手舞融生产生活知识于其中,年轻人在手舞足蹈之时,便学到了插秧、播种、薅草、推磨等农耕知识;茅古斯舞教人们如何狩猎、如何在与野兽搏斗中制胜;哭嫁歌则把伦理道德教育融于脍炙人口、通俗易懂的歌曲之中。板凳拳和板凳龙与老百姓的生产生活也密不可分。

(一)求神娱人和作战防身——板凳龙和板凳拳的起承与演变

在生产力水平低下的社会历史时期,人类忙于生计,制造和使用的工具主要是满足劳动和生活的需要。同时,人类还必须依靠自身徒手的技能在恶劣的环境中立足,诸如奔跑、攀缘、跳跃、搏斗等体育初始形式均出自人类与自然抗争的本能。后来,随手可得的劳动和生活的工具成为人类与猛兽以及敌人做斗争的武器。

板凳是中国传统社会的一种常见生活用具——一种无靠背的坐具。由于要承受人体重量,用来制作板凳的原材料通常是质地偏硬的木材,坚硬耐磨。板凳由坐板和四只脚构成,结构简单,容易制作,方便携带。因此,板凳除了用来坐,也常常被人们拿来当作道具或武器,板凳龙、板凳拳正是基于板凳的这些特征而成为武陵山区多种非物质文化遗产的传承载体。在贵州施秉一带的高坡苗族地区,还流传着板凳舞。在婚丧嫁娶、拜年访客、节庆聚餐等众人欢聚的场合,酒足饭饱之时,人们便拿起聚会坐的板凳,敲起欢快的节奏,跳起欢乐的舞蹈。

为了使板凳在板凳龙、板凳拳表演中更好地发挥其作用,其外形亦在不断被人们改变着。生活中用于坐的板凳,有正方形的、长方形的,有宽的、窄的,有高的、矮的,形式多样,以满足多种生活需求。宰杀牲畜和猎物用的板凳,板面宽达50~80厘米,坐板的厚度也比用来坐的板凳厚许多;祭祀祖先神灵放置供物的板凳一般高50~80厘米。这些类型的板凳是板凳龙诞生时用的道具。

最初,舞板凳龙多在田地里进行,祈雨驱虫,耗时不长。后来,板凳龙不仅在田间舞,还在村子里舞。春节前,村民们共同择一吉日,板凳龙从早到晚舞遍各家各户,意在驱邪避晦,祈祷丰收。舞板凳龙的过程中,除了专门舞板凳龙的人员,村民也陆续参与其中,舞龙的队伍越来越长。舞板凳龙除具有娱神性之外,还兼具了娱人性。

以前,用于祭祀及舞板凳龙的板凳,对于长时间、长距离和多人员的表演来说,偏大而笨重,不利于操作。为了让龙看起来活灵活现,板凳的设计也越来越精巧。现在,用于舞板凳龙的板凳,其宽度被改窄,宽约15厘米,板凳脚也由原来的四只简化为两只,即板凳两头各一只，方便拿捏，还有的简化成"独脚板凳龙"。

板凳龙的制作大致如下：在板凳上固定竹条，扎成龙的骨架；用布料或画纸等材料绘制龙鳞，上色，晾干，覆于竹条上，制成龙；用灯泡做龙眼，安装电池使其能在夜里发光；完善龙尾、龙须等部位。舞的时候一般是五条龙齐上阵，意味着金、木、水、火、土五行俱全。当然，龙的颜色要与五行分别对应，如金色的龙对应金，青色的龙对应木等。五条龙还有"风调雨顺，五谷丰登"的深层内涵。

板凳拳的主要功能是保护生命和财产安全。板凳拳的道具"板凳"作为武器，其坚固耐用、便携的标准很少变化。从其起源上可见其与人们生产生活的关联。板凳拳所在的武陵山区是巴文化的主要分布带。巴文化的主要特征之一是舞、武不分，《华阳国志》里记载，"巴师勇锐，歌舞以凌殷人"。可以想见，武舞是原始部落的巴人进行军事训练的重要内容。现在，土家族茅古斯舞中的舞蹈动作、狩猎动作，也可看作是武术动作的展现。

武陵山区山高林密，古代当地习武者既要防止凶禽猛兽袭击，又要抵抗强盗土匪打劫，武术既用于狩猎，也用于防身。自然地形和社会环境要求习武者要在狭路、绝壁、险峰之处克敌制胜，因而其武术有独具特色的武器、步法和策略。板凳拳所用的板凳和木棒等直接取材于生产生活。从板凳拳的步型、步法、手型、拳法和腿法来看：步型以弓步、马步为主，辅以虚步、丁字步，稳扎稳打，"落地生根"；步法多用蛇形步、标梭步、距步、撤步等；手型主要有吊钩手、金刚指等；拳法要求冲拳有力，以立拳为主，向前下方冲，打击对方心腹、心窝、裆部等，有"拳打卧牛之地"之说；腿法有杀腿、靠腿、提腿、踩腿等。这些武术动作，简朴实用，直来直去，都留有狩猎的痕迹。可以认为，迄今为止，板凳拳保留的套路有许多沿用了先民狩猎的动作。

战争频仍的年代，很多生产生活工具都被人们拿来防身、作战。1910年冬，咸丰县大路坝人温朝钟组建农民起义军，板凳拳传人陈再瑶带领100多名板凳拳弟子投奔，并助起义军进攻当时的四川黔江县城，立下赫赫战功。板凳拳也因此在周边地区声名鹊起，前来拜师学艺者络绎不绝，这是板凳拳历史上最辉煌的时期。新中国成立后，社会环境安定，板凳拳作战防身的功能日益减弱，传承人越来越少。为了使板凳拳不致失传，湖北省已将其列入省级非遗名录，予以保护。

（二）独门绝技和众生共舞——板凳拳和板凳龙的现实生存

板凳拳是中国传统武术之一，其谱系主要有四大家：岳家、杨家、赵家和孙家。咸丰陈氏板凳拳按谱系属于岳家，讲究香火延脉，其传承方式在原先师徒传承的基础上又加上了传承人必须是陈氏家族嫡系后代的条件。陈氏板凳拳的传承人肩负着双重责任——振兴本门，光耀本宗，这就注定陈氏板凳拳在择徒上有诸多要求。"谈拳授道，贵乎择人"，择徒要求首先必须是本家族和派系内的弟子，具备了这两个基本条件，再看其他各项条件(包括身体、心理、遗传基因等)是否符合要求，还要看悟性，最为看重的是意志和品德，只有这样，才能使本门武功不致中落，也不致门风败坏。

清末民初，军阀混战，社会动荡，人们的生命和财产安全没有保障，学习武术很有必要。一般来说，不同门派的武术有不同的功夫和"绝活"，各门派都要防止自己的绝活被外人学会后战胜本门，陈氏板凳拳对传承人的选择也体现出这一点。他们恪守"不传外人"的誓言。现在的板凳拳传人陈俊法的父亲由于历史的原因，不敢从陈俊法的祖父陈博斋(陈再瑶之子)那学习板凳拳，板凳拳一度面临彻底失传的困境。陈博斋年迈之际，为了板凳拳的延续而挑选了当时还年幼的孙子陈俊法作为徒弟。陈俊法临危受命，传承家族武术。爷爷的严格要求，加上自身良好的天赋秉性，使陈俊法深得爷爷真传，成为现代板凳拳的嫡系传人。同中国大部分农民一样，陈俊法为了赚钱养家糊口，早年外出打工，错过了儿子的幼年期，也错过了教儿子学习板凳拳的最佳时期。随着年岁增长，陈俊法打工回家，边带孙辈边物色板凳拳的传承人。他见五岁的孙女活泼好动，喜爱打拳，便将板凳拳传授给她，让她继续发扬光大。

以往陈氏板凳拳门徒出师，都会和师傅对打一场，作为习武的成绩汇报。在比武中，师傅常会拿出没有教给徒弟的绝技来战胜徒弟。所谓"教会徒弟，饿死师傅"，说的就是师傅在教徒弟习武时，总会有一定的保留，否则被徒弟全盘学走，师傅就可能丢掉饭碗。可能这只是在板凳拳传承之初门派内心照不宣的规矩，却折射出板凳拳在传承上有一定的保留性，这种保留性还体现在家族传承方式上。陈氏板凳拳择徒的家族性和传授的保留性让其在很长一段时间里一直是陈氏家族的"独门绝技"，这使陈氏家族曾经在当地具有显赫的地位，"盗匪不敢惹，恶霸不敢欺"。在现代社会安定和生命财产得到保障的时代，板凳拳这样的传承模式显然会面临困境，影响其传承。

板凳龙是一项传统体育，同时也是一种地方民俗。所谓民俗，是一方民众约定俗成的习惯。现在舞板凳龙，有三个人一组的：一人舞宝，两人舞龙。有两条龙五个人舞的：一人舞宝，四人舞龙。唢呐、锣、鼓、钹等乐器另有他人演奏。基本上是一条板凳两个人，再加上一人舞宝。根据场地的大小,可选择一条板凳龙上阵,也可以是十来条板凳组成的长龙。

早年舞板凳龙,集中在每年的大年三十和正月十五,在田间地头、院坝堂屋由众人共舞。那时,村里年轻力壮的小伙子舞龙,年老体衰的老年人则采集竹子和青藤编制龙身、涂绘龙纹、制作成形。舞龙前,由村中有威望的老年人或年老的舞者主持召集所有参与者到山洞口烧纸、烧香请龙出洞。人们从田间地头舞到各家各户的院坝堂屋,祈求丰收、驱邪降福。舞龙的过程中,还配有各式音乐,在不同场合,借助唢呐、锣、鼓、钹等乐器营造不同的氛围。舞龙人根据音乐来踩节奏,舞宝人根据不同的曲子来逗龙。

咸丰清坪板凳龙的制作还有一个特点,龙头灵活,龙眼和嘴里的龙珠也活灵活现,不像其他地方的龙头生硬地固定在板凳上。随着龙身躯的摆动,龙头极其传神,仿佛真的一般。

当村子里的板凳龙队伍挨家挨户地走时,各家各户都会准备好供品、鞭炮或红包,在家门口等候。板凳龙在众人簇拥下,伴着鞭炮烟花来到各家各户的院坝或堂屋,摆出"蛟龙潜水""双龙抱柱""神龙摆尾""古树盘根""雪花盖顶"等阵势,场面越火爆,就意味着恶鬼邪灵逃得越快,来年越加吉利和风调雨顺。

因其很强的娱乐性和观赏性,再加上历史传统所赋予的"神性",板凳龙近些年逐渐融入民众的重要生活仪式中。在传统的婚庆场合也能看到板凳龙的身影。板凳龙喜庆的色彩,乐曲营造的欢快氛围,舞宝者和舞龙者幽默诙谐的舞步,使现场的喜庆气氛愈加浓厚,喻示着新人在"龙"的保佑下百年好合,万事顺利。在传统的丧葬场合"坐大夜"①时,所有儿孙、亲朋都必须陪伴死者度过人间的最后一晚,死者家属也会请优秀的板凳龙队伍来表演,一来为亲朋好友减轻悲痛,陪他们度过漫漫长夜,二来祈祷逝者安息,祈愿上天垂怜后人。

板凳龙的传承从一开始就带有公共参与性。从板凳龙的外在表现看,无论制作、乐队伴奏还是舞龙,都不是个人所能单独完成的;从心理表现上看,板凳龙是人们希望风调雨顺、祈福祛邪、五谷丰登、六畜兴旺、一方太平等共同愿望的表达;从板凳龙制作技艺、舞龙步法和力度上看,板凳龙需要共同协作才能完成。板凳龙从制作到舞玩的整个过程,对传承人没有特殊要求,只需传承人愿意和有兴趣。板凳龙和板凳拳的传承特点不同,也显示出两者在现当代社会中不同的生存策略。

三、凝聚族群和愉悦身心——板凳龙和板凳拳的共同发展之计

在现代社会中,板凳龙和板凳拳作为来源于传统社会的两种文化样式,也需作出相应

---

① 死者即将下葬的前一天夜晚。

调适,才能生存和发展。板凳龙传承的公共性决定它在传承人选择上的相对自由。起源初期的板凳龙的娱神和祭祀功能流传到现在,已向娱人和观赏等多种功能发展,更加贴近民众生活。曾经以祈祷为主题的板凳龙舞到了百姓的红白喜事和节庆场合中,甚至舞进了校园。传承者们深知,只有在群众中传承和传播,板凳龙才有意义,它来源于生活,也要在群众生活中传承。

随着社会环境的改变,板凳拳传承的封闭性和保守性减弱,原初的防身保家的功能也逐渐转向以强身健体为目的。原先家族传承和门派传承的限制已得到灵活变通,只要愿意学并能坚持的爱好者,现在都可以去领略板凳拳的魅力,更多非陈氏子孙加入传承队伍中,板凳拳已成为当地一些中小学体育课的必修项目。诞生于农耕社会的板凳龙和板凳拳,在现代社会仍然能找到可供其生存和传承的土壤。

(一)族性塑造和乡土重建——板凳龙和板凳拳的功能调适

近年来,在非遗项目的传承中,因较多地注重对其经济价值的挖掘,而对其道德教化的价值有所忽视。因此,笔者认为,应当重视非物质文化遗产的社会价值。作为根植于武陵山区土家族的两种传统体育样式,曾经对当地土家族族群的社会规范和道德伦理起到潜移默化的模塑作用。咸丰陈氏板凳拳传人陈俊法曾说:"不是人家想学我们就能教,凡不忠不孝不仁不义者不在传授之列。且一学就要坚持到底,学成之后绝不能做伤天害理之事。"板凳拳的传承过程蕴含着对传承人不成文的道德规定,要求其必须是忠孝仁义之人,具有正义感,还要具有能吃苦和能坚持的品质,对当地土家族人民坚忍不拔和勤劳勇敢等品质的形成起到很好的垂范作用。

板凳龙则从源头培养人们崇尚自然和尊重祖先神灵的信仰,舞玩人数可多可少,场地可大可小,舞玩场合可以是节庆庆祝场合,也可以是红白喜事场合,灵活的表演形式让更多人的参与成为可能。春节前,板凳龙对村子各家各户"恶鬼邪灵"的"大扫荡",可极大地增强族群成员的凝聚力,由单个板凳组成的板凳龙间可巧妙连接,分合自如,能很好地培养老百姓既独立又合作的理性精神。在强调以人的自我完善为主的新农村建设和新型城镇化建设进程中,板凳拳和板凳龙对人的道德和行为规范模塑的特质可以融于传承行为中,对传承人进行潜移默化的熏陶和感染,达到提升其精神素养和共建和谐乡土社会的目的。

(二)因材施传和多元结合——板凳拳和板凳龙的传承策略

板凳拳和板凳龙具有不同的传承特性,在具体的传承中,要依据不同特征施予不同的传承策略。

在政府的主导下,板凳拳和板凳龙都走进了当地学校的课堂。板凳龙传承过程的开放性,决定了它传承的灵活性。板凳龙音乐、板凳龙制作、板凳龙动作可拆分开来,分别走进音乐课、手工课、体育课。当然,最终板凳龙表演需要学生的共同协作才能完成。在此过程中,为充分调动学生的积极性,还可加以创新。如,在传统板凳龙音乐中添加流行音乐元素,在手工中增添色彩和动画元素等,让学生根据自己的兴趣来选择。板凳龙与人民生活结合较为紧密,不拘场地和形式,还可在诸多民俗喜庆场合上演。可由政府主持把板凳龙这种当地群众喜闻乐见的形式融入老百姓生活的空闲中,丰富老百姓的业余生活。

板凳拳传承的封闭性和保守性使其在传承中受到诸多限制。板凳拳的现代传承可以分为两种机制:一是校园传承,二是家族武馆传承。对两种传承机制的传承人实行不同的传承制度和要求。由于板凳拳的技术性要求较高,还应有基本功的要求。就中小学校园传承而言,每周一至三节的课时量,根本就达不到传承的要求,收效甚微。因此,在中小学校园传承板凳拳时,可以适当调整板凳拳教学的内容,比如:让学生了解板凳拳的历史,在为数不多的训练课堂中把板凳拳的坚持不懈、不怕苦难等品质融入教学,把板凳拳的一些基本功贯穿于常规体育课堂中;在训练中把握道德要求,培养学生吃苦耐劳,坚持不懈的品质;对某些既能公开传承又能强身健体的基本动作可让学生反复操练。同时,一些优秀的选手可进入陈氏家族武馆继续学习,担负起传承和振兴陈氏板凳拳门派的责任。对于这些优秀选手,政府可给予适当补贴,鼓励板凳拳"金字塔"式择徒,以此来保障板凳拳代代相传。对于陈氏板凳拳家族内部传承的部分,可实行"知识产权"保护的策略,防止泄露和偷学。

四、余论

目前各地的非物质文化遗产保护进入新阶段,很多"小众"的非遗项目通过展演等各种活动进入公众视线,为越来越多人所知晓。诞生于共同环境之中,拥有相同道具的板凳龙和板凳拳,与当地百姓的生产生活密切相关,为当地社会的发展起到了重要作用。现代社会物质文明高度发展,温饱和安全已不是问题,板凳龙和板凳拳的传承可成为丰富百姓精神生活的重要手段,起到娱乐和强身健体的作用,为地方社会族群凝聚、乡土重建和公共空间建设作出新贡献。

巴渝文旅戏评
——第五届重庆青年戏剧演出季专题评论

【编者按】 2023年10月20日,第五届重庆青年戏剧演出季暨"双城剧汇"2023成渝戏剧创作展演周(简称"青年戏剧演出季")在渝开幕。重庆市文艺评论家协会与重庆市文化和旅游研究院(简称"重庆市文旅研究院")联合组织来自高校、科研院所及民间文艺社团的评论家开展了专题舞台艺术观评活动。评论家们观摩了这次青年戏剧演出季的16个参演剧目,并开展深入研讨。本系列评论文章将为读者呈现本次展演活动的精彩看点和艺术亮点。

守正创新 前景绚丽
——观我市"青年戏剧演出季"之川剧折子戏

林永蔚(重庆市文艺评论家协会)

党的十八大以来,习近平总书记围绕新时代文化建设,提出了一系列新思想新观点新论断,内涵十分丰富、论述极为深刻,成为新时代党领导文化建设实践经验的理论总结,丰富和发展了马克思主义文化理论,形成了习近平文化思想。

此次重庆市相关部门精心策划,隆重推出的"青年戏剧演出季",是在习近平文化思想的指导下,坚持文艺植根人民、服务人民原则的工作实践。

"青年戏剧演出季"的演出是公益性的演出,其上演的剧目基本上是面向广大市民的,其中既有凸显中华优秀传统文化的戏曲,也有贴近时代、重在创新的多种戏剧品类。笔者是个戏曲老观众,在此单就10月21日的"川剧折子戏"谈点感想。

川剧艺术是我国戏剧艺苑的奇葩，是最能体现巴蜀文化特质的一种艺术形态。明末清初，川剧迅速流布于广袤的巴山蜀水之间。在数百年的发展演变中，逐步形成了南北一体、五腔兼备、文野交融、雅俗共赏的文化特征，深受各地广大观众的喜爱。

川剧剧目丰富多彩、剧本文学性强、音乐形态独特、表演生动细腻，其幽默风趣、贴近生活的剧种特征受到全国戏剧界的一致肯定。川剧的繁荣和进步对重庆市的精神文明建设发挥着积极作用。在新的历史时期，重庆市川剧院的沈铁梅、重庆市文旅研究院的周津菁等一批同志在习近平文化思想的指导下，引领广大川剧从业人员和专家学者为振兴川剧做了大量卓有成效的工作。这次演出季中献演的川剧，让我们得以窥一斑而知全豹，从中看到我市川剧艺术继承传统，守正创新，健康发展的可喜局面。

川剧折子戏专场开锣戏《打店》（即《武松打店》），故事取材于小说《水浒传》、明代沈璟所著传奇《义侠记》以及清人杂剧《十字坡》。剧中叙述武松在杀死了嫂嫂及西门庆后，被发配孟州，途经十字坡，宿张青夫妇店中。是夜，张青外出讨账未归，其妻孙二娘单独行刺武松反被武松打败，正在孙二娘性命攸关之时，恰逢张青归来，认出打虎好汉武松，双方于是和解并结为朋友。

这是一出我国各大戏曲剧种都有的功夫戏。常言道："要练惊人艺，须下死功夫。"打功底首先要"死学"。要身上有功夫是没有捷径可走的，只有刻苦训练，才能把传统的技艺、前辈的创造，实实在在地学到手。在此基础上，还要研究人情事理，根据自己的条件，结合扮演的角色具体运用，加以变化发展，即"活用"。"死学活用"把继承传统与发展创造这两层意思概括得很好。从事演员这个行当，没有厚实的基本功而讲"活用"，就是空话。

本剧中饰演孙二娘的青年女演员万玥含，腰腿基本功十分扎实，从表演中可以看到，她在"死学活用"的传习中是下了相当多的功夫的。在这折戏的男女夜斗中，有双叉劈腿、桌上倒翻等许多扣人心弦的身段动作和打斗场面，这些动作和场面既增加了表演的难度，又彰显了川剧"把子功""毯子功"的艺术精华。万玥含在腾、跃、翻、滚中，英姿飒爽，动作干净利落，尽显古代江湖女英雄的气概。

中华戏曲都有一定的程式要求，在舞台实践中强调既有规范，又有自由。规范就是虚心学习和严格掌握传统的表演程式和技巧；自由就是根据时代特点、人物塑造及剧情发展的需要，灵活运用和创新传统的程式和技巧。川剧旦角有其基本的要求和规范，旦角中的每一类人物，如闺门旦、花旦、奴旦、摇旦，在步法、身法、指法、人物造型、道具的使用上均有所不同，具体到戏中某个特定的人物更是千差万别。

第二折戏是《潘金莲》中的《打饼》(又名《打饼调叔》)。这折戏是唱做皆重的旦角戏,四川的川剧名角陈巧茹曾把这折戏演得十分出彩。这次重庆的展演,由陈秋锦饰金莲,唐纬饰武松,两人的表演中规中矩,配合也十分默契,特别是虚拟化的打饼做作,陈秋锦表演得活灵活现,很有川渝本土"麻辣烫"的地方特色。

演戏之道,应首先分析剧情和人物,只有认识到剧中的思想内涵,才能进入角色的创造。在川剧史上,康子林、张德成、浣花仙、周慕莲等前辈艺人最讲究钻研戏情戏理,周慕莲老先生还被人们誉为"表情种子"。他们不但讲得出一番深刻的道理,而且演出了许多脍炙人口的好戏,值得我们用心学习。现在的演员文化水平比较高,对一部戏的主题思想、人物性格等更应该分析到位。

在《打饼》这折戏中,愚以为潘金莲这个角色应该是花旦、泼辣旦两门抱。根据剧情的发展和人物心理的变化,开始时应以花旦应工,着力表现金莲风姿绰约,燕语莺声,含情脉脉以及柔情似水的少妇心境。随着时代的发展,人们对潘金莲的评价呈现出了多元化的趋势。其实她也是个被凌辱,被压抑扭曲的苦命女子,意欲追求个人的幸福也在情理之中。所以在塑造人物时,既要让观众理解这个角色人性的本真,又要表现她率性失德的无奈。不过在表演中要掌握好这个分寸还是十分"吃功"的。陈秋锦在前半段戏的表演中,人物塑造灵动感略有欠缺。在后半段当调叔遇斥后,她似乎才全身心进入了角色,表演中糅进了川剧泼辣旦的许多技巧,把一个惆怅万端的哀怨少妇的艺术形象,十分丰满完整地展现在了观众面前。

另外,这折戏中的武松虽说是个配角,却是举足轻重的"戏引子"。在戏中他的心理活动是从尊嫂到不解,再到厌恶,这中间应有一个明显的渐进的转折过程,但剧中的武松似乎威严有余,人情味不足,演员的表演过分强调了武松打虎的豪气,少了点小叔子的谦恭。如果今后能再润点色,可能会让这折戏中的武松形象更加有血有肉。

第三折戏《八郎回营》是出长演不衰的经典折子戏,也是这场演出精彩的压轴。这折戏和前面的《打饼》一样,是男女"二人转"的对口戏,前者偏重做功,后者偏重唱功。

老艺人常说,"戏不离技,技不离戏"。戏不离技,指要求掌握戏曲的基本技巧,特别是熟练掌握表演程式;技不离戏,指要求演员既有技巧又用得精到,这样才能恰如其分地表现剧中人物。戏曲艺术的主要表现手段是唱、念、做、打,具体到每一出戏,各有侧重。唱要清脆甜润,高低柔软,腔随字转,字正腔圆,抑扬顿挫,如珠走盘,韵味十足,这样观众听起来才过瘾；念要讲究口锋、口纲，抑扬顿挫、轻重缓急；做要精彩，有绝招，活灵活现；打要干净利落、险中求稳。唱、念、做、打都应符合稳、准、美的要求，不然，戏就没有听头、没有看头。

在《八郎回营》这折戏中，饰演查氏的重庆市川剧院优秀青年女演员白孟迪就做到了稳、准、美，她的表演唱做俱佳，形神兼备，既有守正亦有创新，较为完美地表现出了空房独守十八年的将门佳媳的内心世界。

这折戏中，查氏有长近百句的大段高腔独唱。这段唱从过去唱到眼前，从宋朝唱到番邦，多少感慨与哀怨，数不尽的喜怒哀乐尽涌心间。这不仅要求演员一气呵成，更要求演员在一板一眼的唱腔中，辅以灵动感人的身段表情来加强舞台效果，这些白孟迪在舞台上都做得尽善尽美，虽有个地方似乎掉了一板，但也只是不伤大雅的白璧微瑕。

最后一折戏《佘太君巡营》是从京剧《杨门女将》中移植过来的，演出单位是永川的一个准专业剧团。该剧团前些年推出的大型现代川剧《风雨女人路》上演百余场，取得了令人欣喜的社会效应。在这次"青年戏剧演出季"中，他们又在各方面条件都不太理想的情况下，排除万难，奉献出了这出阵容可观、彰显爱国主义正能量的剧目。他们这种为弘扬中华优秀传统文化而踔厉奋发的精神，确实是难能可贵，值得大力发扬的。

溯往瞻远，我们坚定文化自信就是要以中华优秀传统文化为根脉，以中国悠久漫长的历史为轴线，以五千多年不曾断裂的文明为载体。文化自信是更基础、更广泛、更深厚的自信，是最基本、最深沉、最持久的力量。

重庆市相关部门充分认识到"着力赓续中华文脉、推动中华优秀传统文化创造性转化和创新性发展"是实现文化传承发展、建设中华民族现代文明的方针与方法，都特别重视这次公益演出活动，尤其值得一提的是重庆市文旅研究院的周津菁、吕霖枫等同志及其团队，他们天天奔走在演出第一线，不辞辛劳，悉心组织、引导观众参与演出季，并组织观剧后的理论评述活动。有这样全身心投入戏剧事业的领导、专家和从业人员，重庆市文旅事业的发展定会有令人欣喜的光辉前景。

我为2023年重庆市"青年戏剧演出季"活动喝彩叫好！

周仁是个什么人？
——川剧《忠义烈》观后

魏锦（重庆市文化和旅游研究院）

　　川剧弹戏《忠义烈》又名《周仁献嫂》，其本事出自传奇《忠义烈》。明嘉靖年间，倭寇横行，名将张经剿灭倭寇，功绩卓著，却被世宗皇帝（朱厚熜）的宠臣严嵩反诬其与倭寇勾结，终致遇害。刑部侍郎杜宪据实上奏，反被抄家，获罪入狱。遭此横祸，杜宪之子杜文学将其妻托付给义弟周仁。岂料严府总管严年素闻杜文学之妻胡氏貌美，欲趁机抢夺。杜文学门客奉承东趋炎附势，向严年献计，捕来周仁，并以官职相诱，强行给他穿上官衣，逼周仁献出杜妻。周仁无奈，答应以开脱杜文学为条件献出杜妻。离开严府后，经过激烈的思想情感斗争，周仁与妻李兰英议定李代桃僵之计，由李氏代胡氏入严府并刺杀严年。然而李兰英刺杀不成，自尽身亡，周仁身负献嫂骂名。至嘉靖皇帝驾崩，隆庆皇帝继位，严嵩一党被劾倒，杜氏父子方得以平反。杜文学以为周仁献嫂致李氏死亡，痛打周仁，直至胡氏赶来说明真情，才还周仁清名。张经抗击倭寇，被严嵩陷害而致斩首，是为忠；周仁舍妻救兄保嫂，是为义；李兰英舍身替嫂，刺杀严贼不成自杀，是为烈。故戏名为《忠义烈》。

　　清末已有碗碗腔、秦腔、山西梆子等演出此剧。川剧《忠义烈》或由秦腔移植而来。此外，昆剧、京剧、豫剧、河北梆子、评剧、越剧、粤剧、淮剧、花鼓戏等诸多剧种，都有此剧目。张经为国尽忠的情节，实为该故事的背景和引线，而各剧种搬演这个故事，逐渐去掉了张经之事，皆以周仁夫妻义行为核心，更以周仁作为整个事件的漩涡中心，以其内心所经历的激烈的情、义、理的交织斗争为舞台呈现的重头戏，剧名多定为《周仁献嫂》《周仁回府》等。20世纪50年代，川剧著名小生袁玉堃先生取周仁出严府至归家途中的心理活动，重新整理排演为独角戏《周仁耍路》（亦称《踏纱帽》），成为川剧经典。

　　这个故事在戏曲舞台上之所以广受青睐，除却情节一波三折，周仁夫妻义行感人肺腑外，更在于周仁所处的压抑、难以抉择的困境，他的焦灼感、无力感、愧疚感（前对杜氏夫妻，后对妻子）、压抑感与始终挥之不去的对权奸的愤恨感、无法抑制的正义感所构成的矛盾，都极具戏剧张力，在舞台上能够给予演员巨大的表现空间。扮演周仁的演员须得唱做俱佳，准确地将周仁的内心世界以唱腔、念白等各种程式技法表现出来，方能引起观众强烈的共情。因此，这是一出能够全面呈现生行功力与魅力的戏，能否演好周仁甚至可以成为生行演员优秀与否的重要标准，所以在秦腔界已有九代"活周仁"，皆是观众公认的有极高造诣的生行演员。

从人物形象上看，周仁的核心形象是仁义形象，应当与严年的嚣张跋扈、奉承东的趋炎附势形成鲜明对比。尽管在不同剧种中，周仁的身份、背景可能略有差异，不同演员塑造的周仁也总会带上演员自己的性格特点，但非常重要的一点是，舞台上的周仁一定是一个把自己的内心矛盾、艰难抉择和大仁大义充分呈现给观众的角色。面对严年提出献嫂的要求，无论他表现出软弱慌张、不知所措，还是忠厚老实却无可奈何，抑或急中生智、虚与委蛇，在他穿着官服离开严府后"踏纱帽"那一场，以及妻子自戕后"哭坟"那一场，都可见周仁赤裸裸的心灵独白。

而演员为周仁赋予什么样的性格特征，则成为周仁有什么样的情绪表达和舞台呈现的重要前提，是以对周仁性格的探索就显得非常重要。在周仁的处境中，有良知、有道德、有正义感的忠义之士，可能都会作出"献嫂实为献妻"的举动，但作为个体的人来说，演员的性格是各不相同的，因此其呈现在舞台上的表演也各不相同。秦腔历史上的历代"活周仁"，可以说是各具特色，但无论是忠厚、沉稳，还是坚毅、深情，都不离一身正气。以本场演出为例，如果在第一场"软逼"中，周仁表现得刚毅且有急智，那么第二场"踏纱帽"就得表现出在激烈情绪背后的理智与缜密思维，在归家途中他已有对策，且依据妻子的性格特点决定采用激将法来令妻子与自己达成一致。而尽管作出了决断，他又是痛苦万分的，他已料到这个决定可能导致妻子的牺牲。第三场"献嫂"即便是故意激妻子，说自己得了严府的好处做了官，也不该有一丝油滑之态，必得让观众看到周仁内心的万般苦楚。袁玉堃先生的《踏纱帽》之所以经典，首先也在于其对周仁有一个明确的定位——无力与权奸抗衡，但内心正义澄澈。尽管形势逼人，令周仁焦灼万分，但其一直在焦灼与复杂情绪中积极地寻求出路。一个念头上来，不妥，旋即否定，艰难思考后，又有了另一个想法，周仁在不断的自我否定中苦苦求索。袁先生将周仁在归家途中的复杂情绪与思维过程条理分明、逻辑严谨且一览无余地呈现给观众。每一句唱或念、每一个动作或功法（抖帽翅、甩水发等）、每一个表情，都紧密"缠绕"着周仁的情绪与思考。特别是袁先生以极痛苦的表情将头顶的乌纱帽摘下掼于地上，高抬起左脚，以右脚围绕纱帽移动几近一周，同时唱出"哎呀呀，我踏也不敢踏呀"时，功法之深厚，情绪之强烈，使观众感同身受。袁先生的各种功法固然令人叹为观止，但他透过唱腔、身段、眼神所传达的周仁在重重困境中所做的最终选择的仁义之心与决绝之态度才是观众最期盼看到的，是最能引发观众同情同理之心的关键所在，很好地表现了周仁这个人的人格魅力。

观众如果爱看这个戏,那必会与周仁无比艰难的内心处境同频共振,会对他最终作出的大义凛然的决定发出感慨赞叹,会对他失去妻子,孤独面对误解、诽谤、殴打表示深深同情。谁能把握准这一点,谁就能把周仁演到观众心里,就是观众认可的"活周仁"。只表现出周仁的痛苦与矛盾,抑或只表现出他的刚毅与正义,都不能完整地呈现这个人物。表现的准确性与分寸感同样非常重要。周仁的性格是否前后统一,其情绪、思维、行动与其性格是否一致,舞台表现的程式、功法与其情绪、思维、行动是否配合得严丝合缝,任何一个细节都值得反复揣摩。如何有逻辑、有层次、细致入微地表现出周仁极其复杂又瞬息变化、跌宕起伏的心理活动,是对演员极大的考验,分毫之差就可能导致观众对周仁的认识产生偏差。因此,这出戏是否成功,关键就在于能否塑造好周仁这个角色。

我想,能够选择这出戏的演员,一定是对戏曲艺术魅力有深刻认知、对戏曲表演有远大追求的好演员。戏者,细也。好戏、好演员都贵在磨砺。希望重庆市川剧院的青年演员能在不断排演、打磨这出戏的过程中,赋予这出戏历久弥新的生命力,实现自身艺术修养的提升、行当技艺的突破。这是演员之幸,亦是观众之幸、戏曲艺术之幸。

走近观众的荒诞派——评《送菜升降机》

黄桢(西南大学文学院)

本届"青年戏剧演出季"于重庆市话剧院拾楼剧场上演的《送菜升降机》,改编自英国剧作家哈罗德·品特的同名作品。原作《送菜升降机》是一出典型的荒诞派独幕剧,因为其无逻辑对话、"等待"主题和荒诞派风格等与《等待戈多》类似的因素,而被认为是品特受贝克特创作思想影响最大的一部剧作。故事发生于一个封闭的空间,剧情通过班和格斯两个等待命令的杀手之间无逻辑的对话和二人与一架送菜升降机的互动展开。在尊重原作的基础上,导演刘军对剧本进行了一定程度的本土化改编,在拉近作品与观众距离的同时,实现了形式上的创新。

一、女郎:怨灵缠绕的东方美学

在品特的原作中,格斯曾向班问起他们之前的一个任务对象——一个"不漂亮但很文静"的姑娘。在他的回忆里,这个姑娘死状很惨。对他来说,当时血肉横飞的场景仍历历在目,她"缠绕"着他还未麻木的良心,困扰着他,让他试图追问那现场最后有没有被收拾得很干净。刘军导演将这位原本只存在于二人对话中的女郎视觉化了——她一袭红衣,长发披散,光脚鬼面,跳着诡异的舞蹈。刘军导演对这一女性角色的出场设计,让这部源自英国的戏剧充满了传统的东方色彩。

在国产恐怖题材的文艺作品中,红衣女鬼往往代表着死亡与恐怖,她们带着深厚的憎恨与浓重的怨念游荡世间,为了复仇成为"怨灵"。本次改编放大了女鬼索命的情节,该情节在一定程度上承载了制造恐慌的使命,红衣女郎的出场带来的视觉冲击短时间内以具体代替了未知。或者也可以说,因为在那一瞬间,舞台的空间延伸至精神界,所以眼睛确切看到的,也只是虚幻的恐怖。同时,因为红衣女郎的出场而引出了其被杀桥段,从而明确交代了班与格斯的杀手身份,完全解决了观众对二人身份的困惑。被杀场景被艺术化处理,被杀者以一个类似稻草团的物品替代,班与格斯头戴与红衣女郎所戴鬼脸面具相似的面具,捅死了面前的对象。地狱空荡荡,厉鬼在人间,这个设计意味深长。

红衣女郎的出现是因为格斯流露出的同情心,这突出了格斯与班的不同。在该剧的前半部分,格斯的焦躁不安与班的气定神闲形成了鲜明对比,班说格斯不能安定的原因是格斯对什么都不感兴趣,而自己雕刻木头的爱好让自己从不觉得虚度时间。班的说法看似毫无问题,但事实上,愿意看风景,对生命尚怀有畏惧的格斯,才是那个仍对生活的本真性保有兴趣的人,而班一直在机械地杀人,机械地雕刻,机械地服从。班不会觉得荒谬,是因为他已经被组织规训得很好。班的生活,反映出那时乃至当下很多人的生存状态,他们或是淹没在物中,或是受他人支配,失去自我,也失去了生存意义,这就生出了荒诞。按照剧情的发展,最终格斯被杀了,程序像恢复杀人的"正常方法"一样恢复了"正常"运转,这是笔者在剧中感受到的悲剧性。

二、友情:温情尾声填充未知留白

> 他抬起头来望着班。
> 长时间沉默。
> 他们彼此瞪着眼。

这是品特原作中的结尾,举着枪的班与跟跄而入的没有防备的格斯对望。班收到了什么命令?格斯为什么会冲进来?他们的结局怎么样了?品特将这些问题留给了读者和观众。在本次改编中，刘军导演为这出戏增加了一个尾声。暖光下，宁静的氛围，班和格斯喝着啤酒，开着玩笑，格斯仍然是那个爱看风景的格斯。而那个爱看风景的格斯带着光走远了，只留下了落寞的班独坐原地。

这个尾声交代了很多信息，第一是事件信息，第二是情感信息。从尾声来看，很显然格斯已经不在人世。班接到的命令具体是什么我们不得而知，有评论家猜测，班收到了杀死格斯的命令，但他在接到命令后回答的是"我们准备好了"。也有评论家猜测，班接到了杀死第一个进来的人的命令，而格斯恰好就是那个人。在"上帝之眼"中，班具有绝对的服从性，用出卖灵魂延续着生命，而已经意识到虚无和无意义，想要"做个好人"的格斯的消失是必然的。

原作中，班和格斯并没有表现出任何情感上的互动关系。从一系列无逻辑的对话中就可以看出，在存在主义的影响下，品特想要呈现的是荒诞不经的生活中支离破碎的日常语言，说明人们不能借助语言实现沟通的目的。从二人的对话中，可以看出格斯是班的下属，只能被迫服从于班。格斯不断提出问题，而班沉默、避而不答或转移话题，他们的肉体虽然处在同一空间，但精神却存在隔阂。本次改编保留了这一基本的荒诞主题，对话也基本按照原著进行。但或许是因为沉默的不足和语调中的熟悉感，在二人的相处过程中，笔者并未感觉到强烈的疏离，这倒与尾声所表现的二人曾经是好搭档、好朋友相一致了。"情动于中而形于言"，情感元素是中国文艺作品一脉相承的民族化叙事风格，我们习惯于在作品中找寻人情冷暖。于是，"友情"被融入了这一版本的《送菜升降机》。这让笔者想起了不久前上映的电影《无名》，片中王传君饰演的王队长和王一博饰演的叶先生，同样是一对为"组织"卖命的打手，但最终因政治立场不同而执枪相对，叶先生亲手杀掉了昔日好友，最终友情只能用来缅怀。

三、光影：多视角叙事丰富了视觉体验

品特的青少年时光是伴随着第二次世界大战度过的，战争的阴影始终留在他的心中，因而他的作品大都反映了二战后英国民众平淡生活背后的内心恐惧和荒诞。《送菜升降机》是品特"威胁喜剧"的代表之一，之所以称为"威胁喜剧"，是因为剧中人物受到外界某种力量的威胁，经常处于惊恐之中。在本次上演的这出戏中，两位演员表演非常卖力，尤其是饰演格斯的演员，他将格斯还没有麻木的内心、"烦"和"惊恐"的情绪表现得更加明显。陌生

的环境和彼此的猜忌让格斯和班时刻处于草木皆兵的紧张状态,这种紧张感从他们的台词和表演中明显表现出来。在营造悬疑氛围方面,更具有吸引力的是该剧对光影艺术的应用,该剧的光影艺术应用给予了观众丰富的视觉体验。

笔者在剧目开始前进场,注意到舞台中用布光将风扇投影到了后景中,原本小小的风扇变得巨大,并不断转动,凸显了时间的循环、枯燥的生活和剧中角色烦躁的心理状态。送菜升降机同样使用了灯光效果,追光使升降机的降落和升起更加显著。还有红衣女郎出现、班和格斯杀人时红色灯光的运用,与背景的蓝光交互映衬,精神的恍惚与现实的血腥让场上的气氛更加诡异和阴森。

最别出心裁之处在于本次改编将影像融入了戏剧。整出戏共出现两段影像,第一段出现于全剧开始之前,简单地交代了班和格斯进屋前的情形。而后,随着两个男人行动的影像,他们从观众席尽头走下来,进入了现实的戏剧空间。这一段影像没有具体的情节,也未能交代什么确切的信息,但它的存在使观众注意力开始集中,主动进入预设的悬疑氛围中。第二段影像出现于全剧接近结束的时候,是一段非常有趣的主观镜头。影像更像是一段监控视频,采取监视者视角,"眼睛"存在于升降机中、传声筒内等隐蔽的位置,窥视着班和格斯的一切行动。影像的介入带来了叙事的视角转换,让观众既作为被凝视者而感到恐惧,又在上帝的位置中得到一切尽在掌控的满足。值得注意的是,影像的存在不免打破了原作封闭的空间,视角的转换削弱了室外另一个世界的不可知性及内外的隔绝感,威胁的力量也相应被削弱。

四、结语

本次改编的《送菜升降机》整体节奏紧凑,既保留了原作的荒诞主题,又进行了形式上的本土化创新,让荒诞派戏剧进一步走近观众。按照品特的思考,荒诞派的戏剧并不着力去塑造人物,作为现代戏剧,剧作家在剧中能够给予观众的,只是他自己对某一特定场景的外观和模式、对随着剧情不断变化的事物的一种印象,以及他本人对这个奇妙的、变幻中的戏剧世界的一种神秘感觉。确定性的增加的确让荒诞艺术更加走近观众,但陌生化、距离感和一定的留白,同样会带给观众不一样的艺术享受。在多元化的改编中,我们期待有更多的精彩作品出现!

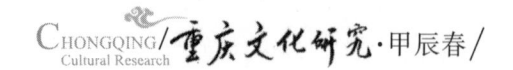

突破与回归：科教兴国题材的当代表达
——评话剧《何鲁》

姚佳汛（重庆师范大学文学院）

话剧《何鲁》作为重庆大学"双一流"文化传承与创新重点项目，受到广大观众的一致好评。它不仅是重庆大学原创文化的代表性作品，蕴含着当代人对精神文化溯源寻根的需求，更体现了全社会对时代精神和爱国主义精神的崇高追求。《何鲁》以戏剧形态展示伟人魅力，以人物故事展示人生价值，为弘扬、传播中国精神走出了一条新路。在近两个小时的演出时间里，演员为我们展现了何鲁从法国游学到毅然回国探索现代数学强基之路的曲折经历，及其始终践行的科教报国的科学家精神。重大人把重庆大学的历史人物搬上舞台，把科学家的精神和爱国情怀传递到更多人心中，旨在鼓励学生把学术追求与科学报国、民族复兴的伟大事业紧密结合，坚定爱国情怀和报国之志，这是这部剧最重要的现实意义。

一、跨越时空的情景再现

整部戏剧的外围框架是由老年何鲁和当代重大学子林芳菲之间的对话构成的。何鲁的台词稳重平缓，林芳菲的台词活泼生动，一老一少的对话在整部戏中起着穿针引线的作用，让每一幕剧的展现更为流畅和自然。从老年何鲁带领林芳菲去回顾他的一生，到林芳菲引着何鲁去看现代数学在他之后如何发展，这部话剧以时空的交错重叠的方式实现了宏大叙事，情与事在时空中流转，突破了传统戏剧的"三一律"。该剧从新时代、新发展的角度重新审视何鲁的事迹，以及其中所蕴含的中国智慧、中国精神和中国价值，依托数学发展史，以时空对话的创新形式，另辟蹊径地捕捉到了故事中的亮点。

除去跨越时空的对话结构，戏剧内部还嵌套了第二层跨越时空的结构。如远在法国的法布里教授与已经回国的何鲁之间的对话、在国内编写教材的何鲁与在法国求学的严济慈之间的对话等场景，缩短了书信的传递所需要的时间长度和空间距离，直接将人物内心独白展现给现场观众，增强了现场感染力。几场戏起伏跌宕，高潮迭起，精准地传递出何鲁那一代人的爱国情怀和开拓精神。

双重时空嵌套结构为观众打开了一条"时空隧道"，以前人与今人对话的形式营造"故事讲述场"，加之沉浸式的戏剧舞台展现，这样的"混搭"拉近了观众和历史人物之间的距离。全剧通过视听语言技术和舞台空间表演艺术的完美结合，找到联结"过去"与"当下"的情感纽带，使历史时空在舞台上得以多层面展示，为当代人认识杰出历史人物提供了多种可能。

二、情景兼具的舞台设计

《何鲁》在舞台背景的安排上也独具匠心，既做到了因时因地变化，展现"移步换景"式跨空间布景，又将浓郁的情感融入场景中。令人印象深刻的是何鲁和夫人朱广馨隔空对话时的背景设计。远在法国的何鲁站在欧式建筑之前诉说衷肠，将信中文字转化为可听可感的心声，而守在家乡的朱广馨则坐在寥落庭院中苦苦等待。整幅画面切割成截然不同的两种景象，使得演员在有限的舞台空间内实现异地的跨越。

演员们的表演既克制内敛，又饱含感情，角色之间张力极大，把角色的呈现提升到了一个新的高度，体现了非专业组较高的专业水平。吊脚楼上的圆月背景、蒲扇与竹椅等道具的出场，浑然天成的场景设计与演员们的真情演绎，各具特色又有机地融为一体。

三、生动立体的人物形象

《何鲁》以戏剧舞台浓缩和串联人物的"高光时刻"来呈现代代相传的中国精神。"严肃模式+轻松模式"的自由切换，还原了真实的何鲁。

一方面，剧作以"严肃模式"生动地展现了何鲁的家国情怀。何鲁对劝阻自己回国的同学说道："他们说中国人做不出来，那就偏要做给他们看！自己不自强自立，那就永远都是奴隶！"他毅然回国，成为中国现代数学事业的拓荒者，回国时受到的阻挠、回国后遭到的冷遇都没有让他改变初心，他始终坚持做"祖国需要做的事"。何鲁与夫人伉俪情深，相互扶持着走过了许多艰难困苦的岁月，他曾写下这样一首悼念亡妻的诗："发云鬒雪素衣裳，犹是当年未嫁妆。宗师安仁能偕老，只愁一别断人肠。"

另一方面，在"轻松模式"中，观众又时时为何鲁先生的"小脾气"而忍俊不禁。无论是自己和夫人拌嘴时表现出的"耙耳朵"形象，还是请求好友段子燮帮忙办学时的"赖皮"形象，都为我们展现了一个立体的、充满人情味的何鲁。除去何鲁这一主角，其他角色也各有千秋：朱广馨这一角色既有南方淑女的温柔，又有着川妹子的"辣劲儿"；好友段子燮看似不正经，实则处处为朋友出力；剧中还有许多推动中国数学发展的或开明或古板的教授，他们不仅是剧中的角色，更是真实存在过的人。《何鲁》这部剧让我们重新回到历史语境中，去看见、去感受、去体悟人生应当追求的意义和价值。

《何鲁》以科教兴国题材展现中国现代数学事业的发展，融思想性和艺术性于一体，同时在艺术构思和人物塑造上有了新的突破，全面展现了何鲁致力于强中国数学之基的一生，及其科教报国的科学家精神和爱国精神。这部剧以时间为脉络，展现了中国现代数学的发展，构建了一部深刻的文化与精神传播、交流的历史图谱，是一部值得我们观摩学习的优秀剧作。

虚实相生悲欢　冷暖写意聚散
——观川剧《忠义烈》

龚会（重庆市长寿区新市中学）

我有幸参加了第五届重庆青年戏剧演出季暨"双城剧汇"2023成渝戏剧创作展演周开幕式，并观看了由重庆市川剧院展演的川剧《忠义烈》。这部传统川剧在戏剧艺术大师沈铁梅（艺术总监）、老艺术家熊平安（导演）的精心编排下，传承与创新兼具，每一个瞬间都值得记录。而我更钟情于这部剧的舞美艺术设计，钟情于这种虚实相生、写意而具隐喻地烘托人物内心活动、推动剧情发展的舞美设计。

顺便补充一下，"舞美"全称为舞台美术，是戏剧和其他舞台演出的一个重要组成部分，包括布景、灯光、化妆、服装、效果、道具等，其任务是根据剧本的内容和演出要求，在统一的艺术构思中运用多种造型艺术手段，创造出剧中环境和角色的外部形象，从而渲染舞台气氛。此次展演的《忠义烈》，回归了川剧舞美简洁写意的方式，既充分利用了现代化剧场的技术设施，又继承发扬了川剧传统艺术的精华，使二者在现代舞台艺术的创造中有机地结合起来，让观众在简洁唯美的布景中得到抽象与具象的审美体验。

川剧《忠义烈》主要讲述了明嘉靖时，严嵩当权，朝臣杜宪被陷身死，其子杜文学亦被发配边关。临行之时杜文学将妻子胡氏委托义弟周仁照顾。严府总管严年见杜妻貌美，唤周仁入府，以杜文学生死为要挟，迫其献出杜妻，并诱以富贵荣华。周仁不肯背信弃义，周仁之妻李氏毅然代杜妻胡氏怀刃上轿，谋刺严年未遂，自刎而亡。世人误以为周仁献嫂求荣，周仁无奈坟前哭诉。杜文学终立功授职，冤明荣归，周仁声名得正，周氏夫妻义行真相大白。这是一部传统意义上的守信忠义的大幕剧，由一序六场组成，情节曲折而精练，人物关系清晰严谨。在唱念做打舞、手眼声法步的程式化表演中，传递感恩、忠诚、守信、惩恶扬善的教化意义。

序幕拉开,这是一场凄凉的野外送别。舞美设计的重心是要突出杜文学戴着枷锁含冤发配远方的无奈、悲愤,对义弟周仁的临别重托,杜妻胡氏一步一断肠的担忧悲伤。不知未来如何,前路凶吉难卜,都放到这样的空间布局上:幽蓝的灯光投影,近景是一枝横斜枯枝,远景是几抹简笔山水,峻险冷峭。在这个假定空间范围内,表演者拥有表达情感的行动自由。枯枝隐喻着人物命运的悲苦,肃杀冷清的远山极力渲染离情别绪。情景交融,不由让人顿生悲伤、同情,同时悬念生发,观众内心开始担忧剧中杜文学的命运,担心周仁能否遵守承诺,不负杜文学所托。冷色调的处理,符合情节的需要,更契合观众的观感。这样的舞美设计,将情、景之间蕴含的复杂情感因素充分地展现给观众,使原本就是高度综合的舞台艺术变得更加扣人心弦。

第一场"软逼",空间转到严府。朦胧疏竹淡抹的影壁,夸张的镂空窗格,装饰华丽的一桌二椅,都在暖黄的灯光笼罩之下,将严府的富贵奢华映射出来。严年的奸诈得意,奉承东的奴颜媚骨,周仁的进退维谷,被暧昧的暖色调烘托得淋漓尽致。这一幕与第三场"献嫂"所设置的周仁宅第清贫凄冷形成鲜明对比。在"献嫂"一场中,几道水墨屋檐轮廓,大面积留白,蓝白布罩的一桌二椅,素洁苍凉,写意象形、真假互补、观演合一。这样的舞美效果,是在传统中吸取养分,又紧跟现代舞台艺术的创新,精心结合。应该说是川剧特有的人文地理环境,在长期的演变发展过程中,逐渐丰富,孕育出了现代川剧艺术的文化气质。其尚文性、崇艺性、随俗性、包容性等特质,自然而然地影响到川剧舞台美术设计。欣赏川剧艺术,我们不能脱离开根植于中国戏曲的基本思维模式,川剧亦和我们的书法、绘画艺术一样,其表达方式和形式内容并无定法,必须从戏剧的本质特征来进行思考。又如,在第五场"哭坟"与第六场"去奸"中,墓碑的设置皆为冷色调,朴素简洁,舞美设计重在为人物行动留出空间,而不是让舞台变得华丽繁复。空间是真的"空",为演员的表演留下了空间,为观众的想象留下了空间,这是"大写意"风格的回归,是吸收了传统与现代多种舞台艺术元素后的升华。

序与六场情节展示,只有"软逼"与"刺严"两场是暖色调,其余的都是冷色调。而发生在严府的戏,看不到周仁获得高升身着官服的兴奋,也看不到洞房花烛夜红烛鸾帐的欢喜。两场戏舞美设计虚拟的荣华富贵,恰恰反衬出人物命运的"冷",人性的"冷"。周仁在严府被严年威逼利诱献嫂,进不得退不得,华丽的官服与团花锦缎罩着的一桌二椅,如同利刃架在颈项上,暖色的舞台反而更能映射人物内心的痛苦挣扎。"刺严"一幕更是以暖色来反衬李氏刺严未果自刎身亡的悲凉。

舞台美术属于直观的视觉艺术，其隐喻性的特征符合当代观众的审美取向，是其他川剧元素不能替代的。《忠义烈》的舞美设计，就是紧密配合剧情的发展，对舞台的光色、气氛、背景音乐等作出相协调的变化，通过灯光等舞美设计的配合来增强舞台的真实感和立体感。例如：在"序"的"送别"情节中，背景灯光灰暗阴沉，舞台灯光苍白空洞；在"献嫂"情节中，更是将灯光调成惨白中隐隐透出幽蓝，来烘托周仁与妻子为救嫂无计可施的绝望、李氏决定李代桃僵替嫂出嫁刺严的大义凛然、周仁与妻生离死别的悲痛，借助舞美艺术隐喻，使得演员所塑造的人物形象更加鲜明有特色；"哭坟"深沉幽暗的背景——孤零零横斜的枯枝，苍白台面上的一块青石墓碑，极简极空，这样的舞美设计，烘托出了周仁被众人误会不仁不义的冤屈、对亡妻的思念、对权臣的痛恨，也隐喻着周仁在人间无处倾诉无人能解的孤苦；"去奸"一场，依然是一块墓碑突兀于舞台上，虽然杜文学已立功回朝，严年与奉承东得到应有的惩罚，杜文学夫妻劫后重逢，真相大白，似乎应该是喜剧的结局，但是舞美设计依然采取冷色调的简约、写意，而其隐喻性就在于此。奸臣被除掉了，杜文学夫妻团圆了，周仁呢？妻亡家破！杜文学夫妻劫后余生摆脱不了内心的愧疚，也难以真正幸福：他们的团聚是以朋友的家破为代价的，能安心吗？一诺千金，尽忠守信，在那样的时代，小人物的命运不过是一个个悲剧而已。

《忠义烈》的舞美设计艺术，不但充分调动了演员的情感，提升了其思想境界，使演员的表演更加自然，将舞台的意境升华，让整个表演过程如行云流水一般，富有节奏感，同时也给观众营造出深入剧情、心系剧情、忧愤与共的氛围。冷暖色调的转换、大量留白的舞台空间，烘托出人物的内心世界，使场景的意境更加深化，更简约空灵，给观众更多意象空间，引导观众不由自主参与到剧情的建构中。

川剧的舞美设计经历了漫长的演变过程。从南宋时期的"棚"，到明清时的戏台、乐楼，甚至"草台"，再到后来的会馆、茶园、戏园、剧院，川剧的舞美设计也随时代发展而演变。但无论怎么变，舞美都是为剧情服务的。它需要结合剧情的发展，用虚实结合写意的手法，通过灯光与投影的配合，达到烘托剧情的要求。

总之，《忠义烈》舞美的精心设计，大美至拙，大道至简。在虚实中生发悲欢，在冷暖中写意聚散。人物与舞台的交相配合，将内在的诠释与外在的烘托紧密相融，让观众不禁深入剧情之中，对剧中人物，感其所感，痛其所痛，实现了观众与舞台之间无界限的互动。

酝酿·生长·绽放——第五届重庆青年戏剧演出季剧目综述

丁付禄　陈姝璇（重庆第二师范学院）

2023年10月20日至10月28日，由中共重庆市委宣传部、重庆市文化和旅游发展委员会、重庆市文学艺术界联合会主办，重庆市戏剧家协会、四川省戏剧家协会、重庆演艺股份有限公司承办，持续九天的第五届重庆青年戏剧演出季暨"双城剧汇"2023成渝戏剧创作展演周，在重庆川剧艺术中心等7个剧场上演了十余个参赛剧目，为山城民众献上了一场场视听盛宴，为区域戏剧文化事业的发展增添了一抹抹亮丽的色彩。回顾青年戏剧演出季的展演剧目，回望以这些剧目为代表的本土戏剧创作实践过程，对我们梳理戏剧生产创作的脉络，总结以青年戏剧演出季为代表的戏剧活动举办经验，不无裨益。

一、酝酿：选材有创意

党的二十大报告指出，我们要坚持马克思主义在意识形态领域指导地位的根本制度，坚持为人民服务、为社会主义服务，坚持百花齐放、百家争鸣，坚持创造性转化、创新性发展，以社会主义核心价值观为引领，发展社会主义先进文化，弘扬革命文化，传承中华优秀传统文化，满足人民日益增长的精神文化需求，巩固全党全国各族人民团结奋斗的共同思想基础，不断提升国家文化软实力和中华文化影响力。

川剧《忠义烈》、川剧折子戏《佘太君回营》、儿童京剧《花木兰》等作品，都属于中华优秀传统文化题材；舞剧《刺》、话剧《何鲁》等作品，带有革命文化题材的元素；话剧《麻辣双城记》则呼应社会主义先进文化的要求。这些剧目体现了成渝地区青年戏剧人全面贯彻党的二十大精神的艺术自觉，从内容和主题上突显了此次青年戏剧演出季的举办宗旨。

其中，儿童京剧《花木兰》以儿童剧加京剧的形式，呈现花木兰替父从军的故事，以少年儿童为目标受众，在普及花木兰的故事的同时，也向他们展示了京剧艺术唱念做打的魅力，体现了青年戏剧人在少儿戏剧教育方面所作出的艺术努力。话剧《何鲁》以重庆大学第五任校长、重庆大学理学院首任院长何鲁先生为主要人物，讲述他在中国发展现代数学和开展数学教育的故事，全面展现何鲁致力于探索中国数学强基之路、践行科教报国之心的科学家精神，充分挖掘本土文化题材，是本土文化自信的有力彰显。话剧《麻辣双城记》则聚焦成渝两地青年男女的感情故事，借由他们的情感发展与价值实现，呼应成渝双城经济圈建设的火热实践，具有很强的题材适切性与时代贴近感。

除此之外,话剧《等待戈多》、话剧小戏《秃头歌女》、话剧《送菜升降机》等作品,都以外国经典名剧为基础进行改编创作。《等待戈多》与《送菜升降机》的原著作者都曾获得诺贝尔文学奖,萨缪尔·贝克特、欧仁·尤内斯库、哈罗德·品特都是荒诞派戏剧的代表人物,选择他们的作品进行再度创作,折射了重庆青年戏剧人对荒诞派这种现代戏剧流派的钟爱,更体现了他们对戏剧现代性的炽热追求。因为选择世界名剧不仅需要勇气,也需要创意和功底。在话剧《等待戈多》中,创作者就以现代舞、小品包袱、舞台装置等形式注入了不少艺术巧思。

在戏剧排演中,"演出的形象种子"是一个重要的舞台术语,也是导演处理总体演出的形象立意。在文本创作和戏剧项目立项的过程中,已然有"种子"的存在。对于戏剧创作生产活动而言,创意就像是一颗种子,种子在生长的过程中,固然会受到土壤、气候等因素的影响,但究竟能长成什么模样,归根结底是由种子的基因决定的。创意选材的过程,就是种子的自我酝酿过程。有时代价值和现实意义、有表现空间和戏剧活力、有自我追求和目标群体的创意种子,才能够为剧目排演和戏剧项目提供优质的生命基因。从这个意义上讲,本次青年戏剧演出季的部分作品其实是有优质的种子基因的。

作为立足于巴蜀大地的戏剧活动品牌,鼓励本土文化题材作品的创作和参演,是青年戏剧演出季题中应有之义。而就本土文化题材的选点表现而言,还大有可供挖掘的空间。巴蜀文化、红色文化、非遗文化、生态文化,都有许许多多可圈可点之处,青年戏剧演出季主办与承办单位可提前谋划,采取定向选题与团队自选相结合的方式,有意识、有步骤地引导青年戏剧创演团队关注、学习和挖掘优秀本土文化,进一步坚定和突显本土文化自信。

二、生长:团队有诚意

习近平总书记在文艺工作座谈会上强调:"没有优秀作品,其他事情搞得再热闹、再花哨,那也只是表面文章,是不能真正深入人民精神世界的,是不能触及人的灵魂、引起人民思想共鸣的。文艺工作者应该牢记,创作是自己的中心任务,作品是自己的立身之本,要静下心来、精益求精搞创作,把最好的精神食粮奉献给人民。"

从参加本次青年戏剧演出季展演的创作团队来看,既有重庆市川剧院、重庆市话剧院、重庆京剧院、重庆演艺股份有限公司等国有院团企业,也有重庆市永川区文化体育服务中心、垫江县文联等文化单位,还有四川盛世星语文化传媒有限公司、重庆原宙必生文化传播有限公司等民营公司,以及重庆大学、重庆移通学院等相关高校戏剧团队,应该说是整合涵盖了重庆戏剧领域的多个业态、多股创作力量,具有较强的代表性和较广的覆盖面。

重庆市川剧院创作演出的川剧《忠义烈》,演员在展示抖帽、甩袖等绝活儿时可谓精彩纷呈,赢得观众阵阵喝彩;重庆演艺股份有限公司改编创排的话剧《等待戈多》通过植入娴熟的现代舞舞段,为原本枯燥重复的剧情和台词增加了新的看点;成都大庸戏剧文化艺术有限公司参与创作的话剧《麻辣双城记》,演员们使用川渝方言,极大地增强了该剧的巴蜀味;重庆大学的原创话剧《何鲁》数度易稿、几经排演,呈现出了人物传记题材话剧的新质感;重庆原宙必生文化传播有限公司生产制作的沉浸式话剧《雾起江州》,也是历经了四百余场的市场化演出,在本次青年戏剧演出季上绽放出别样的风采。

据常规剧目创作排演时间的一般性统计,平均一分钟的演出时长,至少需要一百分钟的排演时长。本次青年戏剧演出季所有剧目的演出时长总计约一千分钟,那么,排演这些剧目约需十万分钟,一千六百多个小时。诚然,创作是需要时间的。创作者们创作的过程,是剧目不断立体化、精致化的过程,也是创作者付出时间、智慧的协作过程。

局部细节能够折射整体。话剧《何鲁》中,留法青年们高喊"还我青岛、还我河山"时眼中闪烁的泪花;话剧《麻辣双城记》中,次要角色店老板夫妇积极的表演状态;舞剧《刺》中,群舞段落中舞者的投入……都给观众留下了深刻的印象。除了演员自身的功底与技巧呈现之外,透过大多数作品的二度呈现,可以看到青年戏剧人很享受参与戏剧这件事情,有很想把这些戏做好的态度。简而言之,大多创作者对待创作和观众,都是有诚意的。

满满的诚意,总是能够体现在一个具体的舞台行动和演出组织当中的,总是能够被视觉感知和心灵触碰的,总是能够在剧场当中形成无声有声的磁场交互的。具体而言,这些诚意应该具象为创演团队面对创作和演出时的气质、经历困难与磋磨时的态度。它们既能成为观演者品评剧目的直观测量点,又贯穿创作者们自我秉持和彼此激励的素养。

三、绽放:活动有意义

重庆青年戏剧演出季已经办了五届了,这五届演出季培养了大批专业戏剧人才,孵化了一批代表重庆戏剧水平的优质剧目,也丰富了区域戏剧文化生态,已成为卓有区域影响力的戏剧文化品牌活动。

戏剧创作的过程,往往是低头默默做事的过程,但持续实践,往往又需要在高格调的平台进行高规格的展演。三度展演创作，是在一度文本创作、二度生产创作之后的、标志着戏剧创作行为最终完成的重要阶段，作品如果不与观众见面，创作者心里肯定是没底的，也不会将排演状态下的剧目视为自身创作的完成式。在戏剧行业朝着市场化方向发展但又没有形成完备的市场化格局的当下，戏剧剧目亟须展演平台，从这个意义上讲，重庆青年戏剧演出季这个品牌活动应该常态化地坚持举办。

对于广大青年戏剧人而言，其创作热情是需要被鼓励、被看见、被支持、被帮助、被保护的。因为从人的本能来看，热情并不会长时间地一直持续，要保持创作热情，需要自我热爱的强大内在作支撑，也需要友好积极的环境外在来加持。我们欣喜地看到，在每个演出现场，都有重庆市戏剧家协会、重庆市文艺评论家协会、重庆市科研院所、重庆市高校的专家、师生的身影，这既体现了承办单位、驻区文化单位的职责担当，更包含了区域多元戏剧力量对青年戏剧演出季活动的关注以及对青年戏剧人的期待。

青年人创、青年人演、青年人看、青年人评，已成为本届青年戏剧演出季的新风尚。本届青年戏剧演出季实现了创演团队年轻化和观演评鉴年轻化，真正成为青年戏剧人展示才华、绽放光芒的大舞台。不过，从活动的整体策划、宣传与执行角度看，还可以持续优化、扩大影响。从本届青年戏剧演出季诸多剧目的观众构成来看，承办单位组织的观众占据了大部分，一些剧目演出时，偌大的剧场观众只坐了三分之一，这多少还是会影响到台上演员的表演状态。而且从繁荣区域戏剧文化、扩大戏剧受众的角度而言，青年戏剧演出季应该走向广阔的青年生活和广大的山城大众，不仅为培养青年戏剧人的专业创作能力而持续发力，也应为培养区域民众的看戏习惯与戏剧审美能力而贡献力量，更好地体现青年戏剧演出季作为区域重点戏剧文化品牌的责任担当。

期待未来重庆青年戏剧演出季更加绚丽多彩！

人类命运的诗性呈现与宏大题旨的精神升华
——浅析女诗人冉冉新作《大江去》一诗的主题写作

赵历法
（重庆市大足区文学艺术界联合会）

一口气读罢女诗人冉冉的长诗《大江去》，竟久无一语，接连数天都未敢言及此诗。

眼前两条大江滚滚东去，汹涌澎湃至极：一条自然界的大江，从诗人居住的城市流过，径直东去；一条诗人内视的大江，思想的大江，情感的大江，正波澜壮阔奔涌天际。两条江时而交汇，时而并行向前，穿越时空，在我的脑中如惊涛拍岸，我的心为之震撼不已，更多的则是兴奋异常。

《大江去》呈现了自然界的大江的生态、风物、地理落差和必然归宿；内视的大江展示了人类社会的生存形态、变化、发展趋势和丰富多彩的世态、世相及事件。诗人以"江之源，生命之源"揭秘人类社会的文明进步与大千世界千丝万缕的联系、自然法则及社会发展规律，是诗人抒写新时代的又一力作。

面对《大江去》的宏大题旨、别致的构架、丰厚的意蕴和独辟蹊径的诗语及表述技艺，我再一次为诗人冉冉巨大的创造力而惊叹，这是我十分熟悉的诗人冉冉吗？

2000年我加入重庆市作协，便认识了诗人冉冉，至2021年冉冉众望所归当选为重庆市作协主席，已有整整二十一年。我自以为了解、熟悉诗人及其诗歌以及她的诗路历程，然而，《诗刊》2022年1月号上半月刊刊发的《大江去》一诗，竟让我对十分熟悉的诗人骤然间感到陌生起来。陌生，是因为诗人从中国诗坛当下大众化庸常写作的重围中突围而出，同时又"疏离"了自己的诗写惯性，以深潜的实践致力于长诗的创新性写作。其诗之格局、语之表意均让人耳目一新，尤其是对人类命运宏大题旨的精神升华，令人心神为之振奋，更不禁为诗人与时代脉搏共振的诗情喷发而拍案叫绝。

冉冉是一名土家族青年女诗人,她以优秀的汉语诗歌写作引起了诗界和读者的密切关注,特别是吸引了众多评论家的眼球和引起了评论界的高度重视,但人们多以其民族身份和性别打量和观照诗人的诗歌创作,关注其诗的内部情感和艺术表达方式。进入中年以后,冉冉的笔触逐渐深入生活或事物内部,探寻历史文化内在的思想和精神,她在提升自我修养和思想境界的同时,孜孜不倦地追求炉火纯青的诗歌写作技艺。其诗作语言简洁,意象独特而优美,富有诗韵。她的诗作在其诗歌语言的强大张力和艺术感染力中,呈现出诗歌宏阔高远的境界,从而凸显出作品的厚重和大气、诗语的灵动和隽永。

一直以来,诗人总是苛求自己:"仔细地'看',准确地'见',本真而质朴地'说'——说那看得见与看不见的秘密。"她始终在诗路历程中坚持"诗的质地对应于生命的质地",是的,诗人坚贞不渝地笃信这一诗歌信念,并一如既往地践行着这一诗歌创作原则。诗人简明"入核"的诗观和入木三分的创作刻画,把她从众多粉妆媚俗的女诗人中剥离出来,其诗愈发弥漫着强烈的时代气息和浓郁的人间烟火味,拥有了引人阅读的魅力和艺术感染力。

《大江去》以"诗的质地对应于生命的质地",把诗人富有特质的诗写推到了一个崭新的高度。《大江去》虽仍延续了其力作《喀拉峻的夜晚》等诗的诗写手法和思想意识,但其中更能体现诗人的艺术思维和艺术策略的是关于时代精神、社会发展及政治、文化的宏大主题。《大江去》开篇即以觉醒的自律展开对江河、对优秀传统的追根溯源,滚滚东流的大江,是一条诗人心灵内视的大江,蕴含的意旨宏阔,是对世界本源的一次追问和认知。诗中所有意象和物象,以及全部诗语陈述的世态种种或观照,表面看似一些分裂式或并列式的甚至毫不相干的世相或场景,然而,当我们透过这种表象阅读时,就会欣然领悟到诗人诗写的本质。《大江去》一诗将读者引领到诗歌文本阅读的新高度,一览众山小地目睹了一次人类命运长河滚滚向前的壮观,那洪流一泻千里、排山倒海,撼人心魄的巨大力量让读者与诗人一起在诗中战栗和昂奋——滔滔洪波涌现的朵朵浪花,全然是生命万物的衍生,自然季候的轮转,人类文明的演进,大到沧海桑田、时代更替,小到婴儿的第一声啼哭、草叶的新绿……都为大江及大江流域承纳……

同时,我们也看到了飞速前进的时代和大千世界"阴湿清峻里隐现爱与希望的生机"[1]。

这不是一首一般意义的诗,它没有茶余饭后的喋喋不休,也没有"为赋新词强说愁"的

---

[1] 冉冉.关于《大江去》的断章或絮语[J].诗刊,2022(1):14.

无病呻吟，它是化宏大叙事为人文关怀、以诗意表达社会发展的历史使命的生命之诗，人类命运之诗，时代奋进之诗，它为人们开启了一次对庸常生活世界进行诗性认知的诗歌之旅。

全诗共四章，诗人以漫游者、亲历者、叙述者的不同身份时而抒怀，时而行吟，执着地呼号，倾诉，奔走于诗行间。为完成诗的使命，为彰显诗人的担当和对历史文化的观照与对未来命运的思考，诗人采取立体、多元的诗写手法，多维度地呈现和丰富其诗意及题旨。

在《大江去》的第一章里，诗人以漫游者的身份，借"水滴或源流"，以一种人文关怀的深度抒情来观照人类命运及命运共同体的本质所在：

死去无数次，复生总是
多出一次

诗人不动声色的诗语承载容纳了人类难以数计而又凶多吉少的杀戮和天灾，在发展历程中，人类虽经历了九死一生，却必定迎来柳暗花明。不是吗？人类自诞生以来，就与瘟疫、饥饿、战争等相伴而行，在其中挣扎求生存。从古至今，人类遭遇的瘟疫不计其数，且有些瘟疫危害特别严重，对人类命运影响巨大的有鼠疫、天花、流感、霍乱、非典、新冠病毒等；从世界上最早有文字记载的公元前1469年的美吉多战役，到第二次世界大战，其间大大小小的战斗、战争不断（还未言及之前或之后的战事），人类真是饱受战祸蹂躏和摧残；而"人类文明的演进"，仍然将人类推向了高度文明社会。当然，除政治、文化、军事、工业、农业、科技、卫生等社会发展和繁荣的文明进程必备元素外，人类延续发展最根本的一点，还在于生生不息的繁衍伟力：

一个母亲
生下了另外一个母亲——

她为孩子
组建了一个大家和族群

血脉代代相传，种族世代相袭，顽强的生命力，承载了人类生命的延续。诗人以不容置疑的思辨，创造性地把人类社会演进过程中的重大事件或历史节点所带来的变幻莫测的劫难或推动力,以可感的具象或物态轻松自如地以诗咏之。

诗人内视的大江宏阔、激情澎湃,大有"星垂平野阔,月涌大江流"的辽远和恢宏。

世间万物,生生死死,生死无常,生即死,死更是重生,生生世世"最后都归于水滴"。而这一神谕或万物之宗,有时竟然源自"那衍生百川的一念"。然而,这也只是世间"客观对应物"[①]的物理现象的自然呈现或必然规律。《大江去》一诗内视了自然现象的奇观,也显现了从现实幻化而出的思想意识对人生的认知,既是一种思想形态或观念的表达,更是一次历练式的思索、反省和奋进的创作实践。

大千世界错综复杂,包罗万象,究其根源,仍是"那衍生百川的一念"。当那些沉溺享乐太久而又麻木的人最终明白了人的"一生"只是"一次起飞和降落",而"一万生"只是"一万次暂住和漫游"的道理后,其浑浑噩噩的"心神/也随之苏醒",对人生,对社会,对世界或许就会有一次清醒而理性的认识。

《大江去》一诗,让我再一次认识了真正的诗歌,看清了诗歌与时代、与现实生活的脐带关系,洞悉了诗之根本,领悟了人生的真谛和为诗之道。

而诗人犀利的笔锋又不断地把对诗歌的阅读推向纵深,愈发凸显出诗旨的高远和意境的辽阔,及其内蕴的厚重和诗语的醇美。

第二章"舟船或津渡"和第三章"流逝:水中城"中的诗人,除是一位漫游者外,还是人类文明进程的亲历者。

社会人生的每一个亲历者都似一条奔腾的河流或大江,尽管前方充满未知或神秘莫测,更有无尽的诱惑……日夜奔流的途程中,津渡千百,舟船竞帆,小镇市井,高铁港口机场,商务购物中心……又总会遇到无数的艰难险阻或惊涛骇浪;总有艳阳高照或春暖花开;有沉渣泛起或泥沙裹挟;有七彩虹桥或霞光满天;或沉沦,或奋起……但本质上它的奔腾都会"给外面世界带去/一路祈福"。犹如百折不挠的人生,愈是困难重重、险象环生,愈发斗志昂扬,奋力前行。不管是涓涓细流,或是汤汤大江,"每逢险滩漩流,/它就越发兴奋"。因为,人生也好,江河也好,"还有什么比一往无前/更能让它欢呼雀跃?"

"江水向东"不管不顾,它有远大的理想和追求,既定的目标永不改变,那就是奔向大海不回头。一马平川也好,激流险滩也罢,前进中抱定必达目标的自信——"不是用眼,而是用高低跌宕的心",因为它始终坚信"所有绝境都将造化你,凡携带/祝福的,自身也将获赠祝福"。这是一种愿景,更是至死不悔的信念和人性之本。至于"河谷旁的风景",可观,也可

[①] 冉冉.关于《大江去》的断章或絮语[J].诗刊,2022(1):14.

置若罔闻,哪怕"峡江夏日,/热风悚然而至",纵然"可造物之秘/依旧深隐……",也义无反顾,它知道"东方苍龙七宿/'或跃在渊'",且心底"有持续的妙音"萦绕不息,自己坚定不移地奔驰,"靠的不单是运气,还有使命",初心不泯,方向不偏,奋斗不息。它清楚"生命的长旅须由你自己去演绎"。正是在这样的信念支撑下,所有的舟船都会向着既定的目的地航行。当"险滩远去了",终于"抵达津渡""抛锚碇泊码头"的人们,或立于甲板,或驻足码头,遥望前方水天茫茫,回顾来路思绪万千,兴奋与忐忑、惶惑与期盼杂陈心底。人类社会曾反复滞足于漫漫长夜,而盼来的朗朗白天,又有意想不到的暴风骤雨或雷鸣电闪。世态、物事的变幻无常,使人们常常会在静夜反思,然后勇往直前迈步黎明。

——夜晚总在矫正白天,
错失总在矫正疑虑和反省

以此鉴行,规避失误。当"太阳升起来,大江船行如织,/汽笛声盈耳",新航程再扬风帆。一个峰回路转、繁荣昌盛的世界豁然呈现眼前:

四季是家谱,江岸是故园。

作为社会人生实践的亲历者,面对社会建设和发展,诗人想得很多,也看得很远……远忧,近虑,全在心中。面对未来,诗人信心满满;面对不宣而战的新冠病毒,诗人胸怀祖国,处之泰然。

那是X光下毛玻璃状肺叶的惊怖,
是呼吸机和重症监护室的生死时速

肆虐人类的疫情一再猖獗,所谓发达的西方国家竟然长久地溺陷于死亡漩流中无法自拔。而发展中的中国,以制度的合力为国运奠基,人民以不屈的斗志奋力抗击,"是八万医护离家值守,一夜建成/救命方舱的合力",坚强的人民众志成城,终将化险为夷。"那颗在苦难中从未失爱的心"依然坚强、无畏,中华优秀传统文化的精髓和民族思想、精神依然"在你血液中呼喊,/恰似百江汇聚,海浪轰鸣"。

未来之门洞开,每一道都是

　　一重新境

祖国发展日新月异,人民生活水平日益提高,社会福利正逐一实现,人类社会共同命运的趋向正在中国大地成为具象的现实。

　　灿若星河的

　　是江滨的码头游轮,桥梁立交,

　　炫酷灯饰勾勒出顶桅入云的

　　广电观光塔,超级摩天楼群,

　　如梦似幻的行道绿树岸线……

　　这景致让你激动又沉迷——你祈愿

　　倾羡渴慕的,正一一成为现实。

　　一朵浪花喜悦,

　　整条江都欢乐洋溢,自在无羁

这就是《大江去》,这就是具有历史使命感的人生和人类命运的具象呈现。

　　人类社会的高度文明和繁荣发展,是人民艰苦卓绝创造的成果。人民创造了历史,人类社会最应该颂扬的就是人民。诗人深知这一社会本质的奥义,没有人民就没有世界,就没有人类社会的吃穿住行,人民才是一个国家的主人和创造者。关怀人类命运,必定要关注人民。诗人在诗中或溯源回眸,或顺流探索,时而浮想联翩遐思万里,时而立足当下纵横捭阖,时而思索未来海阔天空,她常会低下头来,满怀崇敬,十分虔诚地、深情地凝视那些"砌就老墙的烧制青砖""旋转的木头轮毂,织出夏布的/旧式织机""风帆""钢缆""打稻的拌桶""溜索"……她虚心地"从这些原始的工具器械,从这些/低效的重复劳作久远时空开始","问候闻鸡起舞的人",并"向镇口作坊的酿酒人致意","向泥瓦匠剃头师拾荒人致意",甚至"向封火墙头的飞檐苔藓致意,/向花树间的飞虫蜜蜂和雀鸟致意"。向人民、向劳动致意,是因为诗人知道"生命万物都在劳作发育成长"。向前看,有时,还需回望历史,学习优秀的传统文化,以史为鉴。"向悉心编织的老篾匠学习",这是一种生活态度,更是一种敬业精神。

人们常说,诗是诗人心境密语的私情倾诉,喁喁而语,无关他人,无关时代,无关天下。然而,具有家国情怀、时代使命感的诗人冉冉,却挺立时代潮头,凭自己敏锐的政治直觉和独到的视角,以及敏于世感于心而富有灵性的隽永诗语,为奋战在改革前沿的人民代言,为新时代立传。一支如椽诗笔沿着江河、时代、社会人生的源流,深入现实生活内部,挖掘时代的精神内核,汇聚成一条内视的滔滔大江。诗人以优美独特的意象和镜像,将汉语的形体融入长诗《大江去》的滚滚洪流。

诗人冉冉将其在现实生活中浸润、历练过的一颗心以《大江去》的诗歌形式呈献给诗坛,呈献给这个日新月异的新时代,让读者再一次目睹了一个优秀诗人的风采。

理想与现实的交响
——重庆市歌剧院对《茶花女》的新时代演绎

邹俊星
（重庆市文化和旅游研究院）

在艺术的历史长河中，有些作品以其不朽的魅力穿越时空，成为跨越时代的文化传奇。威尔第的歌剧《茶花女》无疑是其中的璀璨明珠。2023年是重庆市歌剧院建院七十周年，也是伟大的作曲家威尔第诞辰二百一十周年，重庆市歌剧院选择了这部经典歌剧作为纪念演出的核心，以其独特的艺术魅力，向社会展现了重庆歌剧艺术的风采。

笔者观看的是2023年12月1日的首演，在这场特别的演出中，重庆市歌剧院不仅仅是呈现了一部经典作品，更是在保持原作精神的同时，注入了新的创意与活力。他们的尝试不仅是对威尔第和《茶花女》的致敬，也是对歌剧艺术形式的一次大胆探索。通过将传统舞台音乐会的元素与戏剧表演巧妙融合，这次演出为观众提供了一种全新的艺术体验，让我们看到了经典作品在当代的新生。

这份特别的纪念，不仅是对过去的回望，更是对未来的展望。在这里，我们见证了一部经典如何在新的时代背景下重新焕发光彩，以及一家历史悠久的歌剧院如何在传承中创新，向社会大众展示艺术的永恒不朽。这次的演出，不仅是一次艺术的盛宴，更是一次文化的对话，跨越时间与空间，连接过去、现在与未来。

一、演出新布局及其艺术意义

此次重庆市歌剧院演出的威尔第的《茶花女》，一项显著的创新是乐队与演员共享同一舞台空间的独特布局。在这次演出中，乐队不再隐藏在传统的乐池中，而是被巧妙地安置在舞台的后区,让观众感受到一种新颖的视觉与听觉体验。这种布局不仅是对传统歌剧形式的一次大胆突破,也为观众带来了更加直接的沉浸式的艺术享受。

将乐队安排在舞台后区的设置使得观众能够同时观赏到乐手们的表演和演员的戏剧表现,这种视觉上的并置增强了音乐与戏剧之间的互动。观众不仅可以感受到乐队演奏的动力和情感,也可以更直观地看到音乐如何与舞台上的戏剧行为相互作用。乐队的每一次弦乐起伏、每一次铜管呼应都与舞台前区的演员和场景有着直接的关联,使得整个歌剧的表现力更为丰富和多维。

此外,舞台前区的演员和场景布局也因乐队的可见性而得到了加强的戏剧效果。演员们在表演时不仅与同台的其他演员进行互动,同时也与乐队的演奏产生了直接的联系。这种空间上的互动创造了一种新的表演语言,使得每个场景不仅是视觉的呈现,也是音乐与戏剧完美融合的展示。这种布局让观众能够更加深刻地感受到音乐与戏剧之间的微妙关系,体验到一种全新的艺术形式。

在这次创新演出中,舞台的灯光和视觉设计也起到了至关重要的作用。灯光设计师巧妙地利用投影将"茶花"符号化,用色彩的变化来强调乐队演奏的音乐叙事与演员之间的相互作用,同时也突出了舞台的深度和空间感。这种视觉上的处理不仅增强了剧情中舞台的美学效果,还强化了舞台前后区的动态关系,使得整个演出成为一场视觉和听觉的双重盛宴。

将乐队与演员置于同一舞台平面上,是一种新颖的艺术表现形式。这种布局不仅提升了观众的视觉参与感和沉浸感,也为歌剧的表现提供了新的可能性,展现了重庆市歌剧院在艺术探索方面的勇气和才华。

二、音乐与戏剧的深度融合

重庆市歌剧院在《茶花女》演出中,让音乐与戏剧的融合达到了一定的艺术高度。这不仅体现在音乐旋律的和谐度上,更体现在通过音乐将角色的心理状态和戏剧冲突进行外化。每个唱段不仅是角色内心世界的声音,更是他们情感和思想的直接表达。

下面笔者以序曲和第一幕为例来进行分析。

序曲在一片昏暗的深蓝色灯光中展开,这一段用了两个主题音乐来表现女主角薇奥列塔。第一个主题是"悲剧主题",弦乐用长线条的撕拉感所表现的奄奄一息的叹息来喻示薇奥列塔的悲剧。舞台前区简单地放着一张长桌和一个沙发,舞台提示这里是"薇奥列塔的客厅"。

女主角薇奥列塔随着悲伤的弦乐在黑暗中缓缓走到舞台前区，坐到沙发上。第二个主题音乐响起，其旋律富有舞曲特征，此时，灯光突然由深蓝色变成了金色，第一幕正式开始。

舞台后方由合唱队队员扮演的达官贵族举着酒杯、挽着手一起走上舞台后区的站台，气势宏大的合唱队很自然地站到了乐队的后方。他们的表演告诉观众，此时此刻正在举行一场盛大的宴会。薇奥列塔也站起来接待她的客人，这是典型的歌剧宴会场面。

薇奥列塔穿梭在朋友中间寒暄问候，闲谈时，有新的客人走了进来，其中包括男爵和侯爵，后者挽着薇奥列塔的闺蜜。人们纷纷上前问候，薇奥列塔向大家问好，并祝大家共度一个欢乐的夜晚。这时，乐队奏出一段活泼的曲调，舞台上顿时升腾起无忧无虑的欢乐气氛。薇奥列塔告诉大家，欢乐是一剂良药，可以使人安于现在的这种生活，忘记烦恼和忧伤。

这段活泼的曲调突然被一个新的庄重的主题打断。这时，子爵带着一位青年走进来，他向薇奥列塔介绍说，这位青年是他的朋友阿尔弗莱德·亚芒（以下简称阿芒），她的又一位崇拜者。阿芒吻了她的手，并向早已认识的侯爵问好。这段音乐是专属于阿芒的主题音乐，用了 A 大调的主和弦来对男主角的第一次登场作提示，大调和声明亮清晰，提示观众男主角阿芒是一个有教养的富家公子。

当仆人们摆好餐桌，薇奥列塔邀请客人们入座时，乐队又奏起了兴高采烈的旋律，这时的管弦乐承续着前面舞曲的风格，一直在烘托宴会的气氛。

当侯爵告诉薇奥列塔，阿芒一直在惦念着她，她生病期间，这位年轻人每天都到她家来探询她的病情时，阿芒的主题音乐再次出现。薇奥列塔挖苦地对男爵说："你啊，不如他情深。"男爵察觉到这位新来的年轻人显然已经赢得了薇奥列塔的青睐，脸上立刻露出厌恶的神色。当薇奥列塔为羞怯的阿芒斟满美酒时，宴会的快乐旋律又重新回荡在舞台上。大家吵嚷着，举着酒杯祝酒。男爵被当成笑柄，受到大家的嘲弄，狼狈不堪。而阿芒却深受鼓舞，准备尝试一下自己的力量。

这时，乐队奏起了 3/8 拍的活泼曲调，阿芒举杯唱起《祝酒歌》，为青春、为美好的爱情，特别是为薇奥列塔明亮的眼睛干杯，人们热烈地同声应和。薇奥列塔也用歌声告诉大家，今天大家的到来让她非常快乐，并劝大家像她一样快乐生活，因为快乐不会长久，青春很快会消逝。在歌剧的幻想王国中，爱神丘比特不会受到冷遇，这次他很快就找到了目标。在探问薇奥列塔的病情时羞涩得连姓名都没有留下的阿芒，现在却有了足够的勇气和"茶花女"谈情说爱，在上流社会中出尽了风头。这首《祝酒歌》从降 B 大调开始，明亮的上行色彩很切合晚宴的欢乐气氛，演唱中，装饰高音的上波音更表现出宴会的精致；歌曲唱至中间，转回到了降 E 大调,将晚宴的气氛推向高潮。

祝酒大合唱结束后,乐队奏起了欢快的圆舞曲,薇奥列塔不顾晚宴才刚刚开始,邀请客人们到隔壁房间去跳舞。大家欣然同意。正在客人们纷纷离开时,薇奥列塔突然面色苍白,摇摇晃晃走了两步,便不得不坐下。她请大家放心,说自己身体略感不适,请大家先去跳舞,她随后就去。除了阿芒,其他人都去了隔壁房间,这时乐队一直在演奏着舞曲,用音乐制造着一个虚构的房间,给观众打开想象的空间,推动剧情发展,用热闹的舞曲来对比此刻薇奥列塔一个人的冷清。

薇奥列塔捂着胸口,忍受着身体的不适。她以为房间里只有她一个人,一抬头,突然发现阿芒仍然在她身边。这时,整个气氛随着圆舞曲旋律的变化而改变了。阿芒的音乐主题再次出现。阿芒劝薇奥列塔放弃这种会毁掉她身体的生活,他愿意守护她、照顾她。薇奥列塔不敢相信自己的耳朵,她明知道阿芒的话语中有太多的虚假成分,但是,当阿芒说到从第一次见到她的那天起,整整一年的时间他都在诚挚地爱着她时,她心动了。薇奥列塔神经质地苦笑了一下,心里出现另一个声音:"谁会真诚地爱她这样的女人?"阿芒开始演唱弱起的《永远忘不了那一天》,在 F 大调 3/8 拍的抒情乐段里,表现出他小心翼翼地爱恋着薇奥列塔。音乐线条充满着温暖与柔情,流露出阿芒的真实感受。随后,第一幕在女主角一场灵魂拷问的花腔唱段中结束。

音乐在表现角色心理外化方面发挥了关键作用。在剧中紧张和冲突的场景,如薇奥列塔面临选择爱与不爱的时刻,音乐通过强烈的节奏和紧张的旋律来加大戏剧的张力。这些音乐片段不仅提升了场景的情感强度,也使角色的心理状态和内心冲突表现得更加鲜明和具体。观众不仅通过演员的表演感受到角色的情感,更通过音乐感受到其心理变化和内心深处的挣扎。

在这次《茶花女》的演出中,音乐与戏剧的深度融合不仅展现了作品的艺术美感,更重要的是提供了一种探索和表现角色的复杂心理和深层情感的新方法。这种融合使得歌剧演出不仅成为一场视听盛宴,更成为观众的一次深刻的心灵之旅,让观众能够完全沉浸在威尔第创造的这个情感丰富的世界中。

三、关于爱情的理想与现实的音乐表达

威尔第的《茶花女》是一部深刻探讨爱情的理想与现实的歌剧。此次重庆市歌剧院演出的《茶花女》,通过角色的表演和唱段,精心呈现了关于爱情的理想与现实的矛盾,揭示了

爱情的多重面貌和复杂性。

作为剧中的女主角，薇奥列塔这一角色充满了理想与现实的对抗。在表演中，演员通过细腻的肢体语言和表情，展现了薇奥列塔对爱情的渴望以及对社会规范的无奈与妥协。她的每一个眼神、每一个动作都透露出对自由和真爱的向往，同时又被现实的枷锁所束缚。在与阿芒的互动中，薇奥列塔时而表现出热烈的情感，时而又显得犹豫和迷茫，这种表演深刻地揭示了她内心的矛盾和挣扎。

第一幕的尾声，薇奥列塔那首著名的咏叹调《为什么他的话使我的内心激荡》清楚地表达了她在理想和现实中的情感挣扎。威尔第按照自己对薇奥列塔性格的理解，让她用轻浮的花腔回应阿芒的追求，请阿芒将她遗忘。因为她不能去爱，她明白自己身体的状态，不能指望阿芒为她作出牺牲。她坦率地请他到别处去寻找爱情。阿芒回应薇奥列塔的唱段采用了其主题音乐的旋律，这段抒情唱腔与薇奥列塔轻浮的花腔交织在一起，从而强调了她的不可救药的放荡性格。

这时，音乐又回到圆舞曲上，空间瞬间转换，男爵像往常那样漫不经心地走到门口，问她在干什么。薇奥列塔说他们正在讲笑话，于是男爵知趣地退下。薇奥列塔又转身劝阿芒不要跟她谈起爱情，她很清楚现实的残酷。正当阿芒要离去时，她又叫住他，内心对理想爱情的向往和冲动让她从自己的胸衣上取下一朵花，请他保存，待到花谢时再还给她。阿芒猜测，这肯定是明天。她含情脉脉地表示同意。这时响起圆舞曲的伴奏，阿芒重申爱情的誓言，亲吻她的手，为暂时的分离向她告别。

乐队奏起了舞会的曲调，这时来宾跳完舞回到原处，大家齐声合唱，对薇奥列塔说，天已破晓，应该回去睡觉了，这样才能恢复精力，以便重享生活的乐趣。这一段合唱加重了现实的比重，提示着薇奥列塔的身体状态。

随后，场上只留下薇奥列塔一人来演唱结束这一幕的著名咏叹调《在深夜，狂欢的宴会上》。在前半部分的宣叙调中，她陷入沉思，心灵的拉锯使她不敢相信阿芒的话语竟会这样深深地打动她的心。严肃的爱情会不会带给她灾难呢？她心中理想化的爱情让她那颗跳动的心能够作出回答。从来没有一个男人用温暖给这颗心带来过真正的生命，她也从未享受过爱与被爱的欢乐。她是否应该鄙夷地丢开这爱情，继续过目前这种堕落的生活呢？现实的束缚与对爱情的憧憬不停地在她的脑海中斗争。于是，她在现实和理想的矛盾冲突中唱道：

> 在深夜，
> 狂欢的宴会上，
> 你那亲切的形影，
> 出现在我的身旁。

她回想起阿芒爱情赞歌中的词和曲，在咏叹调前半部分的第二段歌词中，她的思绪回到了自己的童年时代。那时她曾梦想自己会有这样美好的情景，这也勾起她对纯真爱情的向往。

她为美好的回忆所陶醉，沉默了片刻，突然又如梦方醒，回到现实。她歌声中满含悲伤，面对理想的爱情，却始终无法下定决心去追求。

> 不可能，
> 不可能，
> 这一切全是梦想！
> 我是这样可怜，孤独，
> 在苦海里飘荡。
> 和我来往的人个个冷酷无情，
> 我的结局只能是被歧视，被遗忘！
> 狂欢吧，
> 永远地狂欢，
> 这就是我的下场！

她用了一连串华丽的花腔装饰音唱出了最后几个字，为进入咏叹调的下一段做好了准备。接下来是一段辉煌的快板。薇奥列塔宣布，她要不顾一切地去寻欢作乐，什么也不去想。为了更好地表达出她的决心，花腔一直上行到小字二组的降D音。但这时阳台下传来了阿芒的歌声，这歌声具有地道的歌剧风格。在阿芒的歌声引导下，薇奥列塔重新唱起激情狂热的曲调。接着又传来阿芒的爱情赞歌，薇奥列塔的花腔与阿芒的曲调越来越紧密地交织在一起，就像两颗相互吸引的心灵。薇奥列塔让心中理想的爱意恣意生长，音乐的张力让情感不断增加，但她最后还是被拉回到现实的生活，下定决心，今后将继续追求物质生活的快乐，她心中燃起的爱情火焰终究没有吞噬自己。这一幕到此结束。

在这段著名的咏叹调中,薇奥列塔通过歌声表达了对理想爱情的渴望和对现实束缚的无奈。唱段通过旋律的跌宕和情感的起伏,生动地展现了薇奥列塔内心深处的挣扎和痛苦。她的声音时而柔和细腻,时而激昂高亢,折射出她矛盾的心理状态。在19世纪50年代的歌剧舞台上,这种形式是表现女性的脆弱和轻浮的唯一办法,却也是最好的办法。一个世纪以来,这首咏叹调一直为人们所熟悉,它的生命力丝毫没有因为时间久远而泯灭。

在此次上演的《茶花女》这部歌剧中,重庆市歌剧院的演员们通过生动的表演,精彩的演唱,将剧中角色内心的矛盾冲突展现得十分深刻,不仅呈现了其情感深度,也揭示了他们在理想与现实间挣扎的复杂心理,这也是这部歌剧对人性和情感深层次的探索。

四、《茶花女》的当代意义与重庆市歌剧院的探索之路

在今天的艺术舞台上,重庆市歌剧院对威尔第的《茶花女》的重新演绎,不仅是对经典的致敬,更是对歌剧艺术形式创新的一次努力探索,具有深远的意义。

通过重庆市歌剧院对《茶花女》的现代演绎,我们可以看到经典作品在当代的新生。在这个多元和快速变化的时代,重庆市歌剧院成功地将这部19世纪的作品转化为具有现代感的艺术作品,使其对当代观众产生强烈的吸引力,这种艺术探索,成就了经典作品不朽的艺术价值和永恒的魅力。

《茶花女》关于爱情的理想与现实的探讨,在今天依然具有重要的社会意义。当代社会,人们依然在理想与现实、个人情感与社会生活之间寻找平衡。重庆市歌剧院演绎的这部歌剧,通过对爱情多维度的探索,触动了观众的内心深处,引发了人们对自身情感和生活选择的思考。其所引发的深层次的情感共鸣和社会反思,证明了《茶花女》持久的艺术价值。

重庆市歌剧院的这次演出也体现了在传统艺术形式中寻求创新的重要性。他们不仅在演出形式上进行了大胆的尝试,如将乐队置于镜框式的舞台上与演员并行演出,将合唱队巧妙地安排在舞台后方,同时让他们扮演剧中的角色,从整体上加强了舞台的画面景深等,对灯光的运用也是一大亮点。这次演出用灯光投影将"茶花"符号化,用灯光的颜色变换和花开花落的图案来提示人物的心理变化。舞台还融入了许多现代元素,使得整个演出既保持了原作的精髓,又展现了新时代的创新精神。这种在尊重传统的基础上的创新探索,为其他艺术团体提供了宝贵的经验和启示,展示了传统艺术在现代社会中的发展潜力。

此次重庆市歌剧院《茶花女》的演出不仅是对经典作品的现代再现，更是对歌剧艺术未来发展路径的思考和探索。其演出方式对当代观众和艺术界都具有重要的意义和价值，它不仅让我们重新审视经典，也激励我们在艺术创造和表现上进行更多的创新和尝试。重庆市歌剧院在此过程中展现了其艺术创造力和前瞻性思维，为当代艺术界树立了一个典范。

重庆红色题材戏剧的当代表达[①]

吕霖枫

（重庆市文化和旅游研究院）

【摘要】红色题材戏剧是重庆戏剧创作的主流。近年来，重庆红色题材戏剧积极谋求"当代表达"，力求融入当代年轻观众的生活。本文针对难以超越经典形象、缺乏对人物形象不同侧面的挖掘、在叙事策略上难以突破与创新等问题进行了深入讨论。

【关键词】红色题材戏剧；当代性；叙事策略

重庆是一座英雄之城，红色之城。红岩故事家喻户晓，红岩精神享誉全国。红岩精神不仅彰显着重庆的人文品格，也是重庆这座城市的文化标识。红色文化是重庆戏剧创作的源泉，发扬红色传统、传承红色基因、赓续共产党人精神血脉是重庆红色题材戏剧的使命担当。

近年来，重庆戏剧工作者以弘扬红岩精神为使命，以红岩人物事迹为原型，创作了一大批红色题材戏剧，取得了可喜成绩：话剧《幸存者》荣获中宣部第十三届精神文明建设"五个一工程"奖，川剧《江姐》荣获第十七届中国文化艺术政府奖文华大奖，舞剧《绝对考验》荣获第十三届中国舞蹈"荷花奖"，现代京剧《张露萍》主演周利荣获第二十六届中国戏剧梅花奖，等等。

但是，以当代审美来观照重庆红色题材戏剧，不难发现其与当下国内红色题材戏剧发展存在差距，与当代观众的审美需求存在差距。

[①] 该文为"2023年度重庆市文联主题文艺创作扶持项目"文艺评论项目"重庆红色题材戏剧的当代表达"研究成果。

一、红色题材戏剧当代表达的内涵

何谓"当代"?"当代"一般意义上被看作时间范畴,但在丁帆看来,不能将"当代"简单归结为时间范畴,仅把"当代"当作时间范畴来讨论缺乏实质性认知。[1]红色题材戏剧的"当代表达"确切地说,是富于"当代性"的表达,在题旨、结构、角色、手法和舞台形式上蕴含"当代性"哲学意义,最终表现为红色题材戏剧的美学特征。

从一般意义上讲,"当代性"总是和"时代性"相联系。红色题材戏剧的"当代性"具体表现为其所蕴含的时代特征。"'当代性'的提出,意味着充分意识到自己的同时代,意识到自己同时代的特质,并把这种自觉意识贯彻到具体的研究之中。"[2]当前是文化交融、艺术交融的时代,戏剧要解决的是如何推动观念和手段相结合、内容和形式相融合、各种艺术要素和技术要素交相辉映等问题。艺术门类互相融合借鉴,科技赋能艺术是时代的主题。

从深层意义上看,"当代性"既要站在"现代性"基础之上,也要对"现代性"进行修正。[3]红色题材戏剧的"当代性"要继承现代启蒙精神,要把戏剧审美和人的解放、情感解放联系起来,尊重英雄人物的性别、性格和情感,在审美构建中融入理性精神、人文精神,也要认识到西方"现代性"所主张的"进步主义"和"推翻主义"的不足。红色题材戏剧创作应当是建立在民族传统、革命传统上的守正创新。

从理想意义上讲,"'当代性'就是把历史、当下和未来三个时间维度嵌入文学艺术的创作与批评中去"[4]。丁帆认为,"'当代性'在超越有局限的'现代性'时代语境时,试图挣脱'现代性'的困厄——打破在主题规训下闭门造车的'工具性'枷锁"[5],这给我们带来思考:红色题材戏剧如何超越"主题先行"的创作方法?如何超越它的宣传功能,而真正成为撼人心魄的艺术作品?如何写出历史的必然性、人性的必然性、审美的必然性,从而形成红色题材戏剧的"真理性"?这是关于"当代性"理想意义上的思考。

二、国内红色题材戏剧创作启示

近年来,全国各地涌现出了一大批锐意创新、形式新颖的红色题材戏剧作品。它们不仅契合时代需求,富于当代审美表达,而且得到了广大青年观众的认可和青睐。

---

[1] 丁帆.现代性的延展与中国文论的"当代性"建构[J].中国社会科学,2020(7):145-164,207-208.
[2] 周展安."当代性"的绽出与当代文学研究的"反历史化"契机[J].当代作家评论,2022(1):59.
[3] 丁帆.现代性的延展与中国文论的"当代性"建构[J].中国社会科学,2020(7):145-164,207-208.
[4] 丁帆.现代性的延展与中国文论的"当代性"建构[J].中国社会科学,2020(7):159.
[5] 丁帆.中国文学的"当代性"[J].上海文化,2021(12):20.

舞剧《永不消逝的电波》创造性地把舞蹈、戏剧、电影结合起来,创新性地将当代表达融入红色经典。话剧《三湾,那一夜》摒弃了全景式、教科书式、流水账式的叙事模式,选取微观视角,抓住关键时刻,以小见大展现宏大历史。舞台剧《浪潮》以青年人演绎青年人的故事,从"我们为什么而死?"的叩问,到"我们为什么而生"的作答,完成了与当代观众的情感互通。戏剧《辅德里》以"叙事性内容、歌唱性台词、雕塑性身体、总谱性歌唱"[①]定位,大胆采用白色主调、融入多种音乐形式,赢得了青年观众的喜爱。现代京剧《红军故事》紧紧抓住"半截皮带""半条棉被""军需处长"三个长征故事,展现了长征的千难万险和红军的崇高精神。现代昆剧《瞿秋白》聚焦于瞿秋白生命中的最后一个月,剖析他的内心世界,追溯他的心路历程。有学者评价:"此剧为当代舞台提供了时代审美新范式,这正是戏曲艺术丰富现代性精神图谱的独特贡献。"[②]

国内红色题材戏剧创新之作力求契合当代审美,敢于大胆创新,并且呈现出一些"当代表达"共性特征:

(1)在英雄人物塑造上,把革命精神和英雄的个人命运紧密联系在一起,挖掘英雄的心路历程,展现英雄的性格个性、心理活动和生命体验。

(2)在叙事策略上,打破亚氏戏剧叙事因果联结的线性结构,利用平行时空,在历史和当下的时空交错中找寻革命精神和时代价值。

(3)在舞台表现形式上,注重与其他艺术门类的融合。借助新媒体技术营造视觉、听觉感官体验,继承写意美学,使戏剧情境具有诗意,题旨表达具有诗性。

国内红色题材戏剧创作在价值观念、叙事方法、角色塑造、舞台形式等方面逐渐形成了一种整体性风格,给重庆红色题材戏剧创作带来诸多有益的启示。

三、重庆红色题材戏剧创作的创新

红色题材戏剧是重庆戏剧创作的主流。过去的十多年里,重庆的戏剧作品以红色题材戏剧为主,主要有京剧《张露萍》、话剧《红岩魂》、川剧《江姐》、舞剧《绝对考验》、京剧《双枪惠娘》、芭蕾舞剧《归来红菱艳》、杂技剧《一双绣花鞋》等。重庆红色题材戏剧也在积极谋求"当代表达",力求走进当代年轻观众的生活世界。近年来,重庆红色题材戏剧也发生了一些转变。

---

① 赖星宇.辅德里,诗意的灯塔——非虚构戏剧《辅德里》观后感[J].上海戏剧,2021(3):39.
② 陈鹏.昆曲《瞿秋白》与戏曲现代性二题[J].人文天下,2022(11):14.

一是叙事角度的变化。以"寻找"为母题,探寻革命英雄的革命历程和生命历程。话剧《幸存者》的女主人公几十年中抱定信念,寻找自己唯一的爱人——穆之光在重庆解放前夕大屠杀中死去的真相,悬念设置后的表层叙事下,主人公引领观众进入对爱、对信仰的深层探寻。话剧《红岩魂》《重庆往事·红色恋人》以当代青年人的视角参与叙事,在时空交错中展现不悔的选择,在时空交织中寻找革命的"当代"意义,最终以"如今岁月安好,是因为有人替我们负重前行"的思想高度来激发青年观众的革命认同。

二是表现形式上的创新。舞剧《绝对考验》融合多种艺术形式、创新舞蹈结构、强化舞蹈情感表达以及巧妙运用影视元素等,使该剧具有强烈的观感,展现了英雄人物张露萍的心灵世界。川剧《江姐》以写意的艺术手法,以"折金星"的方式表演"绣红旗",具有很强的视觉冲击效果和情感张力。杂技剧《一双绣花鞋》将新媒体技术的视觉效果和身体语言结合,二者相得益彰,令人赏心悦目。

三是对作品的主旨有新的革命诠释。今天,战争的硝烟已然远去,很多人自然不能深刻体会当时战争的残酷,以及战争中闪耀的人性光辉。那么,今人从何体会战争、理解英雄呢?那就必须寻找到新的革命诠释,以当代人的观念和角度来重新解读战争和英雄。近年来,重庆红色题材戏剧在使当代观众对革命主题产生共鸣方面作出了很多努力,这些戏剧或凸显革命英雄的个体生命历程,或以当代人的疑问切入革命英雄的生活,试图回溯英雄的生命历程,从而为红色故事赋予新的内涵。

总体上看,近年来重庆红色题材戏剧创作在诸多方面都有创新,但是未形成整体性的创作风格。

四、重庆红色题材戏剧创作的问题

重庆红色题材戏剧努力寻找当代表达路径,具有一定的时代精神和内涵,但也存在一定的问题。

一是囿于经典作品,难以超越经典形象。自1964年歌剧《江姐》首演后,重庆戏剧界就一直致力于挖掘红岩精神,塑造了一大批鲜明的英雄形象,如江姐、许云峰等。近年来,重庆红色题材戏剧仍然围绕江竹筠、张露萍、王朴等耳熟能详的红岩经典形象改编戏剧。从创作情况来看,作品没有摆脱经典作品的影响。对英雄人物的塑造,没有突破已有作品的形象。一个时代有一个时代的文艺,一个时代有一个时代的价值需求。经典作品年代久远,照搬经典而不求改变就会与时代脱节,缺乏当代表达。

二是人物形象"大而全",缺乏不同侧面的挖掘。重庆红色题材戏剧大多还是"全景式"地展现英雄人物,人物塑造力求全面,难以脱离"投身革命—艰苦斗争—革命牺牲"的叙事链条。而国内红色题材戏剧创作大多采用"小切口",挖掘人物的内心世界,戏剧往往将叙述背景集中在长则几个月,短则几天的时间里,摒弃大面积的叙述,致力于人物内心世界的挖掘,力求引发当代观众的共鸣。

三是在叙事策略上难以突破创新。在经典作品的影响下,重庆红色题材戏剧仍然难以摆脱革命传奇叙事模式。传奇者,无奇不传是也。革命传奇叙事模式是以奇人、奇事、奇情为基础,辅之以曲折复杂的情节表达情感主题、道德主题。传奇叙事和革命叙事相结合,在一定的历史时期创造了一系列的经典作品。但是,这样结合很容易将英雄形象刻板化、模式化("高、大、全"形象)。虽然强化了叙事情节的曲折性,但也带来了"现代性"精神的缺失。

四是作品主题缺乏当代精神。一些作品也试图寻找突破点,如话剧《幸存者》《重庆往事·红色恋人》等,以"寻找"作为叙事母题,试图以他者的身份,从后来人的角度,切入叙事,从而在"寻找"的过程当中理解革命、理解英雄的选择,却逐渐形成了一种类型化的"叙事套路",这样就失去了当代表达的内在精神。

五是没有形成整体性的风格。重庆红色题材戏剧利用新媒体技术进行了创新,尤其在舞美方面大为改观,创新了审美表现形式,融入了科技元素。但是,内容与形式总是统一的,当精神题旨缺乏"当代性"时,形式的创新就无所归依。

五、小结

由此观之,重庆红色题材戏剧创作首先应该打破题材束缚,从经典作品、经典形象中跳脱出来,以广阔的视野,更为深刻的理解,诠释红岩精神,诠释红色题材,充分挖掘红色故事中那些人性的闪光点、个体的书写点。其次,在叙事上应当大胆创新,突破革命传奇的叙事模式,从英雄个体心灵、生命体验等方面进行挖掘,进而创作出具有恒久生命力的艺术作品。最后,形式应当和内容、主旨相契合,使新媒体技术的加持和当代精神的把握相得益彰。期盼重庆红色题材戏剧能不断创新,创作出具有当代审美、当代精神的精品力作。

揭露官场腐败 劝人廉洁自律
——巴渝方言谚语中的廉政文化精华探析

夏明宇
(重庆文理学院文学与传媒学院)

【摘要】巴渝方言谚语中的廉政谚语,承载了巴渝百姓的反腐仇腐思想、道德教化思想、公平正义思想和公民权利思想。这些思想都是巴渝廉政文化中的精华性思想,值得传承和发扬光大。

【关键词】巴渝方言;廉政谚语;精华性思想

所谓廉政文化,是人们关于廉洁从政的思想、信仰、知识、行为规范和与之相适应的生活方式、工作方式和社会评价等。在群众中流传的有关廉政的民间谚语,其所承载的廉政文化,是民间对于廉政的认识、期盼,对官员行为规范的希望、要求以及对其是否廉洁从政的评价等。20世纪80年代,文化部、国家民委等单位组织采编"中国民间文学三套集成"时,改革开放才刚刚起步,人们对于反腐倡廉的认识还处于初级阶段,因此,《中国谚语集成》中并未专门设置廉政的类目。但是,自古以来,人民群众就对腐败深恶痛绝,对官员廉洁从政的希望和要求非常强烈,《中国谚语集成》中也收录有不少此类谚语。笔者从《中国谚语集成》的"事理谚""修养谚""时政谚""生活谚"等类谚语中,解析出有关反腐倡廉内容的巴渝谚语九百多条,并且自己也从民间收集到近三百条。如果用四句话来概括,它们所承载的巴渝廉政文化的精华性思想,便是"揭露与讽刺官场腐败,劝人廉洁自律,希望实现公平正义,强调民主监督"。下面分别示例并加以剖析。

一、揭露与讽刺官场腐败

揭露与讽刺官场腐败,承载廉政文化之反腐仇腐思想的巴渝方言谚语颇多,约占笔者所掌握的上千条反腐倡廉谚语的三分之一强,其中较有代表性或者较精彩的例如:

1. 清官难断家务事,衙门少有善良人。
2. 衙门深似海,弊病大如天。
3. 官府门槛高,进去摔一跤。
4. 一年清知府,十万雪花银。
5. 三年乡长猛如虎,三年保正毒如蛇。
6. 狐狸看鸡,越看越稀。
7. 耗子照仓,照得精光。
8. 阎王不嫌鬼瘦,贪官不顾民穷。

例1的前半句"清官难断家务事"乍看并非反腐倡廉谚,因为它不但是一句人们耳熟能详的话,而且本意是说家务事烦琐且复杂,因此即便是清官也难以作决断。这不但看起来与反腐倡廉不沾边,而且像是在为官员开脱。但是,一旦把后半句"衙门少有善良人"连起来解读,问题就清楚了,原来这条谚语不但是不折不扣的反腐倡廉谚,而且正是揭露官场腐败的。谁说清官难断家务事?那唐朝的狄仁杰、宋朝的包拯和明朝的海瑞、况钟等,不是在断了不少大案要案的同时,也断了不少的家务事吗?因此,所谓"清官难断家务事",只是某些官员的借口,他们大事做不了,小事又不愿做,不关心百姓疾苦,不深入基层搞调查研究,还说什么家务事难断。说穿了,在他们把持的衙门(旧时官吏办公的地方)里,根本是缺少好人!

例2与例1有一种内在的逻辑关系,紧接着前面的"衙门少有善良人",例2进一步指出,封建社会的衙门鱼龙混杂,什么乌龟王八都有,弊病不仅很多,也很大,大得就像天——恐怕连"天王老子"都整治不了。

例3紧接着例1、例2,说旧时官府的门槛安得太高了,高得让人进门就摔了一跤。为什么摔跤呢?要么是被那声恶声恶气的喝问吓着了,要么是听到有人问他带了多少钱……

例4是对"通用"谚语"三年清知府,十万雪花银"的进一步发挥:就算是"清知府"不大肆搜刮,积下十万雪花银哪里要得了三年。一年,是人们计算收成的惯用时间单位。一年到头,大过年的了,治下各县孝敬"现管"大人,若没有两三千两银子,恐怕会拿不出手吧!还有那各大乡绅呢?还有各大商号田庄的头面人物呢?这样算下来,"清知府"光是年头岁尾收的贺岁银子,恐怕就不下十万两了吧!

例5说的乡长和保正(保长①)都是上不了品级的等外级小官。所谓"猛如虎",是说乡长作威作福、鱼肉乡民的时候凶猛得像老虎;所谓"毒如蛇",是说保正(保长)整人害人、搜刮民脂民膏的手段狠毒如蛇。为什么都要在前面冠以"三年"呢?乡长、保正(保长),毕竟都是些等外级的小官,又本乡本土的,与百姓相互间知根知底,刚上台时可能还难免有所顾忌,但时间一久,那官威就出来了,"经验"也丰富了,整人的办法一套一套的,于是就凶猛、狠毒起来了。当然,这只是笼统分析。分割开来看,这条谚语其实也颇有层次感。说乡长猛如虎,是因为乡长较之保正(保长)毕竟要官高一级,官架子和权力都要相对大一些,在穷百姓面前似乎有些凶恶的资本;说保正(保长)毒如蛇,是因为保正(保长)实在是小得不能再小的官了,还没有足够的资本逞多大威风,有时候就只能使些阴毒手段。

例6使用比喻手法,用贪婪的狐狸来比喻某些官差。如果派他们去看守鸡群,那岂不是会越看守鸡越少("越稀")吗?

例7是例6意思的深化。这里的"照",是地道的巴渝方言,即"看守"的意思。在普通话中,照也有"照料""照管"的意思。旧时,当上上下下都腐败透了时,不管腐败的"耗子"手中有多大的权力,只要让他"照"仓库,他就会"照"什么偷什么,直到把仓库偷得精光。

例8较前面几例更为深刻,两个分句互为照应,从阴阳两界说出了封建社会官场的黑暗与凶残:阎王不嫌鬼瘦,瘦鬼身上也要榨出二两油;贪官不顾民穷,再穷也要被搜刮。

上列八例,都是对封建社会官场腐败的揭露与讽刺。

二、劝人廉洁自律

巴渝百姓深知,一个国家吏治的清廉与否,直接关系到国运和民生,大家在对腐败深恶痛绝的同时,希望人们都能够清白做人,官员都能够廉洁从政,从而带动社会风气的根本好转。因此,除了揭露与讽刺官场腐败,劝人廉洁自律的方言谚语也不少,约占全部巴渝反腐倡廉谚语的三分之一弱。这类巴渝方言谚语例如:

---

① 保长,清代保甲法,十户为牌,立一牌长。十牌为甲,立一甲长。十甲为保,立一保长。

1. 欲多伤神,财多累心。
2. 脚正不怕鞋歪,身正不怕影斜。
3. 只要船头坐得稳,不怕四面浪来颠。
4. 久走河边怕湿鞋,久走夜路必撞鬼。
5. 小洞不补,撕齐屁股。

上列五例,都是劝人廉洁自律,具有极强的说理性。

例1"欲多伤神,财多累心",钱财贪多了没地方存放,藏到床底下,藏到夹壁里,藏进鱼塘水底下的稀泥里,一天到晚提心吊胆——也真是够伤神累心的。

例2"脚正不怕鞋歪",是地道的巴渝方言,与覆盖全国的通用谚语"身正不怕影斜"搭配在一起,强调了"不怕闲言碎语,不受环境干扰,站稳自家立场,做到廉洁自律"的主题思想。

例3的意思与例2大致相同,但强调了人们对干扰和诱惑的警惕。

例4"久走河边"是比喻人常常接近诱惑,"怕湿鞋"与"怕失足"几乎是同义语,前一句的意思是说"经常接近诱惑恐怕总有失足的时候,应赶紧离开";后一句的"久走夜路"则是说已经在做坏事了,因此"必撞鬼"。"必撞鬼"和"必定要被捉"完全是一回事。这里的两个分句是递进关系,前一句劝人远离诱惑以免失足,后一句则当头棒喝,叫正在做坏事的人赶快住手(否则必被捉)。

例5继续警告和断喝:看嘛,裤子都烂起洞了,再不补就要出乖露丑了。

又如:

6. 临财不苟得,临难不苟免。
7. 不贪不义财,终身免祸灾。
8. 物宝贵的是真金,人宝贵的是良心。
9. 宁可折断骨头,也不损坏名声。

例6进一步劝告说,不要违背原则去贪不义之财,也不要丧失气节卑躬屈膝地去乞求躲开无法避开的灾难。

例7则着重劝人一定要经受得住金钱的诱惑:只要不去贪不义之财,包你一辈子也不会有祸灾上身。

例8以强调良心的可贵来进行道德教化。

例9是劝人也是自励,表明了珍惜名誉、严守气节、宁折不弯的决心。

总之,由于方言谚语多出自普通百姓之口,因此,总的来讲,只有少数是委婉抽象地说理的,更多的是形象生动地直奔主题。例如以下劝人廉洁自律的巴渝方言谚语:

  10.酒不顾身,色不顾病,财不顾亲,气不顾命。

  11.苍蝇不叮无缝蛋,糖弹专打私心人。

对于人人痛恨的酒色二字,巴渝方言谚语说道:

  12.酒虽醉人,不饮不醉。

  13.色虽迷人,不贪不迷。

例12和例13,可说都是谆谆告诫,并且也不难懂,可是从古至今,却一直有人栽倒在"酒""色"二字上。在李肇的《唐国史补》中,有这样一段记载颇耐人寻味:

  猩猩者好酒与屐,人有取之者,置二物以诱之。猩猩始见,必大骂曰:"诱我也!"乃绝走远去,久而复来,稍稍相劝,俄顷俱醉,其足皆绊于屐,因遂获之。

故事说的是猩猩,却活脱脱是一幅腐败堕落图:明知道是别人设下圈套引诱他,他开始也会装模作样地抗拒一下,可最终还是经不起诱惑,终于乖乖地钻进圈套去了。

除此之外,劝人廉洁自律的巴渝方言谚语,值得提一提、议一议的当然还有不少。例如:

  14.酒杯不大淹死人,筷子不粗打断腰。

  15.一个鸡蛋吃不饱,一生臭名背到老。

例14告诉世人,一旦丧失原则,酒杯淹得死你,筷子也打得断你的腰。

例15劝诫人们不要贪小便宜,小偷小摸填不饱肚子,你却要因此背上一辈子的坏名声呢!

三、希望实现公平正义

实现公平与正义,是从古到今普天下黎民百姓的共同心愿和呼声。虽然在漫长的封建社会里,"衙门八字开,有理无钱莫进来",但巴渝百姓对于公平正义的追求却从未中止,反映希望实现公平正义的巴渝方言谚语例如:

1. 执法不论亲疏,刀砍不论骨肉。
2. 办事要公平,做官要详情。

例1的意思可谓再明白不过,就是希望或者要求官员执法断案要公平公正,不问关系亲疏远近或钱多钱少,只论一个"理"字。就像操刀砍东西一样,不论是骨是肉都应该一刀斩下去,尽管剐肉容易砍骨头艰难,但是,这是断案,得公平对待。

从语法修辞上看,例2中"详情"这个词是作为动词来用的。这里的"做官要详情",是要求官员通过调查研究了解实际情况,还有要求设身处地地体谅人和替人着想等深层意思。通过调查研究以了解实际情况的巴渝方言谚语还有:

3. 事怕三对面,树怕一墨线。
4. 水清石头现,鱼烂刺出来。

上列两例,都是说的深入开展调查研究、了解真实情况和"详情"的方法。

例3的两个"怕",实际上都是"要":要经过三人对证才能得到事情的真相,要弹墨线才能看得出树干的曲直。

例4上句是说要让浑水澄清,才能看得见水底的石头,下句则讲须假以时日让鱼肉烂掉,才能使里面的鱼刺露出来。这两句都是比喻看清事情的真相,以便作出正确决断,不冤枉好人,也不放纵坏人,从而实现公平与正义。

对于真相是不是会为假象所蒙蔽、谎言是不是能够掩盖事实等问题,巴渝百姓非常有信心,他们郑重指出:

5. 不是乌骨鸡，染也染不黑。

6. 舌头是肉长的，事实是铁打的。

例5、例6都强调真理不容任意歪曲，既成事实不容改变：不是乌骨鸡，无论怎么染也染不出乌骨鸡的那种颜色；舌头再能言善辩也是肉长的，而事实却是如铁打成一般，是想改变也改变不了的。大家甚至认识到：

7. 大公无私神鬼怕，身上有屎狗跟踪。

8. 千好都由公字来，万恶皆由私字生。

正是基于上述思想，巴渝百姓坚定地认为，公理终究会战胜强权，公道自在人的心中，"理字没多重，万人抬不动"。因此，他们相信世间的公平与正义一定会有实现的一天。如果蒙受不白之冤，他们甚至表示：

9. 有理问得君王道，无理哪怕你歪上天！

例9是一条颇有气势的巴渝方言谚语，它所强调的，自始至终就是一个"理"字。有理，可以直上朝堂与君王论理；无理，哪怕你"歪"（巴渝方言，"凶""狠"的意思）上了天也没有人害怕。

这条巴渝方言谚语所表达的思想，其实在我国的许多传统戏曲（如《秦香莲》，又称《铡美案》）或民间传说中都有所体现。虽然学者认为《铡美案》是虚构的历史戏，但其中所表现的民妇秦香莲敢于挺身与皇亲国戚斗争，最终告倒当朝驸马的那种精神，正是这条巴渝方言谚语所表现的中心思想。

党的十八大以来，我国深入推进反腐倡廉建设，深得民心。一批赞颂反腐廉政建设的巴渝谚语应运而生：

10. 反腐能斗硬，越干越有劲；政策暖人心，黄土变成金。

11. 法纪松弛，国无宁日；廉政肃贪，长治久安。

12. 党风正了民风好，经济活了百业兴。

这些巴渝谚语，有的还被群众写成对联，贴到门上了。

四、强调民主监督

在我国,关于民主监督的正式提出,本是现代才有的事,但是百姓对官员的从政行为进行民主监督的思想,却是自古就有了。体现民主监督的巴渝方言谚语例如:

1. 私了不如官了,官断还须民评。

例1中的"私了",至今在民间仍"颇有市场",意即百姓间发生纠纷不报官,由双方自行协商解决或私下请人仲裁后解决。而后面的"官断",也即"官了",自然是说要告到官府请官方解决了。因此,这条方言谚语明显含有两层意思。第一层意思是说纠纷还是要请官府公断才更加合理合法,具有权威性,应当相信官府;第二层意思是说,对于官府作出的裁决,民间应该拥有充分的评议权,评官府断得公不公平。总而言之,这条巴渝方言谚语,既肯定了官府断案的合法性和权威性,又强调了群众民主监督的合理性和必要性,这条创作于封建社会的谚语,在当时尤其具有进步意义。

或许正是为了强调民主监督即所谓"民评"的合理性与必要性,又有巴渝方言谚语进一步指出:

2. 只有糊涂的官,没有糊涂的百姓。

为什么说只有糊涂的官呢?因为封建社会的官员们成天高高在上地待在衙门里,应酬于酒宴上,游走于官场中,不了解民间的实情,不知道百姓的疾苦,所以往往难免犯糊涂。为什么说没有糊涂的百姓呢?百姓成天忙于生产、生活,为生计殚精竭虑、往来奔波,对自己身边的一切乃至社会人生都看得很清楚透彻,还有什么不明白呢?所以,官员从政清廉不清廉,断案公允不公允,百姓的确有资格评一评、议一议。

3. 断案不服众,累死也无功。
4. 做官会详情,断案才公平。

例3话说得重了些,但事实又的确如此。故而大凡有作为的官员,办案时都会认真地思考与揣摩,必要时还要微服私访进行调查,这便是谚语所说的"做官会详情"。

官府对群众批评的事加以掩盖或辩解,巴渝方言谚语也理直气壮地加以批评:

  5.众人眼如镜,众人心似秤。
  6.麻雀飞过有影子,鸭蛋无缝不生蛆。

例5、例6是说,群众的眼睛是雪亮的,群众的批评绝不是空穴来风,是有根据的。
既然要求民主监督,巴渝群众有时还会通过方言谚语,向官府建言或者献策。例如:

  7.莫叫猴子去看果,莫让水獭去看鱼。
  8.若要人下水,自己先脱衣。

例7告诫官员在用人时应切实做到知人善任。
例8是提醒官员要起表率作用。
对那些贪赃枉法的腐败官员,百姓也利用巴渝方言谚语,予以当头棒喝:

  9.知法犯法,必定坐蜡。

所谓"坐蜡",就是陷入困境,例如罢官、坐牢或者杀头、充军等。从古至今,这样的教训可谓不少。

司法不公等司法腐败现象,一直是社会关注度较高,人民群众反映强烈的问题,严重时甚至会动摇统治集团的执政基础。因此,古往今来,历代统治集团中的头脑清醒者,都会对司法腐败行为予以严惩。主张立党为公、执政为民的中国共产党更是如此。党的十八大以来,以习近平同志为核心的党中央高度重视党风廉政建设和反腐败工作,反腐败斗争取得压倒性胜利,党风政风为之一新,党心民心为之大振。相信以后会涌现出更多优秀的反映新时代反腐倡廉的巴渝方言谚语。

从黔江文管所藏象牙棋子看陈氏家族的沉浮和良好的家风

宋发芳

(重庆市黔江区文物管理所)

【摘要】本文通过一枚古棋子厘清元末明初陈氏家族因受陈友谅事件影响而两次被迫大迁徙的经历。棋子几经辗转,最终成为陈氏家族的合族物证,是陈氏家族谦让和睦、耕读传家、至公无私、合德同风良好家风的见证。本文研究旨在弘扬家风文化,讴歌"中华民族一家亲,同心共筑中国梦"的美好愿望。

【关键词】棋子;家族;沉浮;家风

中国象棋起源于何时,众说不一,比较可信的说法是产生于春秋战国时期。中国象棋(图1)历史悠久,流传极广,是中华民族的文化瑰宝。

在重庆市黔江区文管所的文物库房里,静静地躺着一枚中国象棋的棋子,这可不是一枚普通的棋子,它曾见证过一个家族的辛酸历史和良好家风。

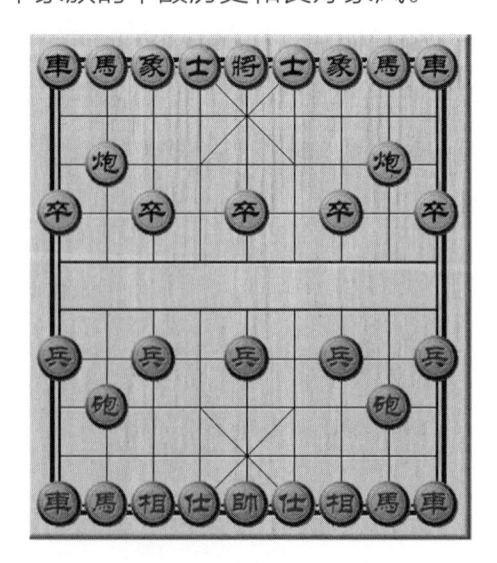

图1 中国象棋

黔江区文管所藏象棋子（图2）制于明代，距今已六百多年历史，制作材料为象牙。象棋子呈金黄色，圆形，鼓腹，直径5.2厘米、厚1.8厘米，重71克，正反两面皆刻楷书黑色"车"字，字迹清晰，书写工整，制作精细，雕刻得体，完整无损。该棋子系四川省黔江县石家河乡椒溪村（今重庆市黔江区石家镇交溪村，下同）陈勃兴[①]先生家藏，1967年交给石家河乡政府，1984年由黔江县清理民族成分办公室移交入馆。黔江土家族苗族自治县成立时，黔江陈姓被划定为土家族。几百年来，他们一直生活在这片土地上。

图2 黔江文管所藏象牙棋子正面

一、两次大规模迁徙

据《陈氏家谱》记载，舜帝后裔陈胡公为中华陈姓一世祖。而从江西义门陈氏的开山之祖陈旺置业开基算起，历经唐、五代十国、宋，陈氏家族昌盛，孝义传家，聚族而居，和睦相处，受到历朝旌奖。宋初开宝年间，义门陈氏发展壮大，短短二十余年，人口增长了一倍。至宋仁宗天圣四年（1026），义门陈氏十五代同居共炊，成为世间家族的奇迹。

随着陈氏家族的不断壮大，北宋大臣文彦博、范师道等上疏，论陈义门"朝野太盛"，嘉祐七年（1062），宋仁宗出于抑制大家族、减少对当朝统治威胁的考虑，下旨让义门陈氏分家，江南西路转运使谢景初率吕诲、刘献、穆恂、范彬等众官奉旨临门分析义门陈氏。陈氏家族按御赐的12个派行分为大小291庄，依派拈阄分迁全国各地。从此，义门陈氏开始第一次大规模迁徙，这也让陈氏家族遍布全国。

[①] 陈勃兴，椒溪村乡贤，字勃兴，秀才。酉阳师训班毕业，学识渊博，从教十五年，后弃职归耕。他重礼义，讲道德，人皆崇敬。1967年，他将祖传的象牙棋子"车"交给了石家河乡政府，后由黔江文物部门收藏。

元朝末年，战乱频繁、国库空虚、官场黑暗、税收加剧，加之连年水灾与饥荒，导致大规模的反元农民起义。沔阳（今湖北仙桃）人陈友谅参加徐寿辉的红巾军，擢为簿书掾，后以功升至元帅。至正十七年（1357），诛叛逆倪文俊、任平章。与元兵交战，连克今江西、福建诸地。至正十九年（1359），迎徐寿辉迁都江州（治今江西九江）。次年夏，杀害徐寿辉，自立为帝，建都江州，国号"汉"，年号"大义"。随后与朱元璋作战，屡战不利，退都武昌。至正二十三年（1363）与朱元璋决战于鄱阳湖时，兵败中流箭身亡。陈友谅之子陈理返回武昌后继帝位，改元德寿。次年，朱元璋再次兵临武昌城下，陈理出降，陈汉王朝结束。

武昌失陷、陈汉灭亡后，陈友谅众宗亲、余部为免遭朱元璋斩草除根，纷纷隐姓埋名，避难他乡。江州义门陈氏多个堂口族人担心受陈友谅事件影响而被朝廷追杀，便开始了历史上第二次大迁徙，其中部分迁至四川等地。

据《陈氏族谱》记载，现黔江陈姓多达二十余个支系，有颍川堂、旌义堂、义门堂等多个堂口，多为"义门陈氏"后代。其中石家椒溪支系属旌义堂，由义门故地迁来，祖籍江西九江府德安县（今江西九江德安县），义门分庄时第一次迁徙至江西高安赤土官庄。元末明初，因陈友谅事件影响，为避难，第二次迁徙逃往四川合州明月里文家坪（今重庆合川涞滩镇宝华村），陈仲德、陈仲徵、陈仲昂出生。后陈仲德、陈仲徵率后裔迁往重庆金紫门。明朝隆庆年间，陈家火灾，陈仲昂举家寓居金紫门家兄门下数载。陈仲昂之子陈珠经涪陵迁彭水江口（今属武隆），以商贸为生。陈珠妻余氏生邦贤、邦友。陈珠殁于江口、葬于江口。明万历初年，陈珠长子陈邦贤迁彭水细沙堡庙池（今彭水苗族土家族自治县诸佛乡庙池村、治安村），继而迁居酉阳椒溪（今属黔江）拓业开基。

清乾隆五十七年（1792）所立陈邦贤的墓碑碑文记载：

> 公行一，字敬泉，祖仲昂，父珠，江州义门之裔也。原籍合州明月里，隆庆时，从父贸易，迁彭水江口镇。万历初年，始居庙池，广置田庄，继而弃庄迁居酉阳椒溪。生子桂芳、椿芳，孙大纮、大经、大纮、大缙。公年九十而终，归并旧庄，始名陈坟。

据此，陈邦贤为黔江椒溪义门陈氏起祖，后裔分住石家的椒溪、马脑顶、火石垭等村，新华的犁子、中安、大田村，太极的李子村，阿蓬江的彭家村和彭水的诸佛等地。一个大家族就这样一次次被迫分庄迁徙，逃离故地，辗转他乡，分散而居。

二、象棋子流传经历

据《陈氏族谱》记载,第二次大迁徙时,为了有朝一日族人相见,义门陈氏旌义堂一支以象牙棋子为族源信物,32房各持象牙棋子一枚,作分散后的子孙见证之物,世代相传。其中石家椒溪一支所持即为现文管所藏象牙棋子"车"(图3),最初为元末明初避难于合州明月里文家坪陈仲昂所有。陈仲昂传与其子陈珠,陈珠传与长子陈邦贤,陈邦贤由彭水江口迁居诸佛乡庙池。在庙池十余年后,陈邦贤和其母亲余氏来到椒溪定业,陈邦贤次配生陈桂芳、陈椿芳,为椒溪陈氏二世祖。陈椿芳生陈大緵、陈大缙,为椒溪三世祖。

图3 黔江文管所藏象牙棋子侧面

又新华乡陈朝祥墓志铭记载:"派衍分支三十二子,合为义门也。作为棋记,而散于四方。自江西仲昂祖迁居重庆金字(紫)门,历年不少,后迁涪州,又入彭邑。子孙千亿,则有余年矣。邦贤祖殡葬于庙池王家山,入于酉里椒溪。"与《陈氏族谱》吻合。

由此可见,黔江椒溪陈氏为江州义门陈氏旌义堂支系陈邦贤后裔,按照第二次迁徙时约定,此枚棋子由陈邦贤传子陈椿芳,陈椿芳又传其子,其子再传其孙,子孙代代相传,直至传到陈勃兴手中。

在第二次全国文物普查中,曾经有人说,民国时期,原黔江县的蓬东乡与金溪乡的陈氏,持有与上述象棋子"车"相似的象棋子"将""俥",并去酉阳合族验证。可以推断,现居于石家椒溪村的陈氏与新华乡、蓬东乡、金溪镇的陈氏同为江州义门陈氏后裔,因受陈友谅事件影响,为躲避追捕而不得不辗转来到黔江等地分散居住,他们手中持有的一枚枚象牙棋子与文管所藏的"车",均为合族最有力的见证物。

三、良好的家风文化

家风是一个家族世代相传沿袭下来的体现家族成员精神风貌、道德品质、审美格调和整体气质的家族风气、品格。从古至今，但凡兴盛的家族都有良好的家风和齐家治家的家法、家规、家训，义门陈氏也是如此。

义门陈氏自先祖陈旺置业开基，就以儒家忠孝节义为本，通过设立家长，创立了"至公无私"的管理体制，制定了我国民间第一部完整的家法，其家训十六条、家法三十三条被世人奉为"齐家"典范。义门陈氏还创办书院，耕读传家。全族上下谦让和睦、合德同风，其乐融融。创造了聚族而居、同炊共饮、击鼓传餐、孝义传世、人无贵贱、和谐相处的家族生活范式。聚族合炊的生活模式，适合封建社会的经济模式，很快就使陈氏家族兴旺起来。

家风家教是一个家庭最宝贵的财富，是留给子孙后代最好的遗产，对激励子孙后代培养家国情怀，努力成长为对国家、对社会有用的人才，意义重大。近年来，各地对义门陈氏家风的认识渐深，亦无不称赞和认可。"德安义门陈家训传统"被列入第五批国家级非物质文化遗产代表性项目名录。"义门陈"被列入江西省第二批非物质文化遗产代表性项目名录。江西省九江市德安县车桥镇义门村原陈氏家族祠堂改为了"江州义门陈文史馆"。义门陈氏"百犬同槽"奇观被列入吉尼斯世界纪录。

居住在黔江的陈氏后裔与义门陈有着共同的族源历史和相似的家风文化。数百年间，他们积极弘扬义门家风、恪守祖训家规、传承陈氏精神，培育了许多贤达。2021年，其"忠孝为本，礼义为先；耕读传家，厚培人伦"的"陈氏家风"被列入重庆市黔江区第七批非物质文化遗产代表性项目名录。

四、结语

如今，经过全党全国各族人民的团结奋斗，我们实现了第一个百年奋斗目标，在中华大地上全面建成了小康社会，历史性地解决了绝对贫困问题，正在意气风发向着全面建成社会主义现代化强国的第二个百年奋斗目标迈进。欣逢太平盛世，国富民强，散居在全国各地的陈氏家族更加壮大。在"中华民族一家亲，同心共筑中国梦"这样一个统一的多民族国家的大家庭里，再也不会出现分庄之事，曾经分散的家族也纷纷寻根问祖、追溯源流、修志存史。

家风是一个家庭的精神内核，也是一个社会的价值缩影，良好家风和家庭美德正是社会主义核心价值观在现实生活中的直观体现。在新时代文明实践和乡村文化振兴中,陈氏家风必将激励陈氏宗亲勉力奋进、砥砺前行,共同为祖国的繁荣富强贡献自己的智慧和力量,让中华民族这棵参天大树更加枝繁叶茂。

美育与乡村振兴：新时代乡村美术馆的实践路径

张文聪　于昊旻

（西南大学美术学院）

【摘要】乡村美术馆作为一种精神性的公共空间，具有展览、收藏、教育等多种功能，是美育的重要媒介与载体。乡村振兴战略促使乡村美术馆不断发展，"观展""公共教育"等活动被纳入乡村民众的常态化生活，更在一定程度上承担着保护乡土文化、满足居民精神需求的使命。本文基于艺术介入乡建的背景，追溯乡村美术馆的发展历史与当今面貌，探索乡村美术馆多维度发展的可能性，试图指出乡村美术馆不同于城市美术馆的实践路径与叙事特征，以及全面发挥乡村美术馆美育效用的措施。

【关键词】乡村美术馆；乡村美育；乡村振兴

乡村美术馆成为新时代实施乡村振兴战略、乡村美学建设、乡村社会美育的关键要素与重要发力点。随着艺术乡建的不断发展，对乡村美术馆，各界已从宏观角度的关切，进入由政府、美术机构、公益组织等主导开展的参与式创作等具体行动。从整体观的视角看，乡村美学生态正处于一种动态生成过程。建设乡村美术馆，既能为乡村美学赋能，又能以美学经济形式促进乡村产业多元发展。乡村美术馆与乡村的共融共生，唤醒了村民的主体意识，增强了村民对美与艺术的感受力，促进了"乡土文化"的再生，形成了强大的美育力量。当前，乡村社会美育实践中存在的主体性错位、乡土性缺失、碎片化实践等问题急需解决。[1]以艺术为媒介的乡村美术馆作为乡村社会美育的重要方面，可利用当地生态、乡村文化、民俗活动等资源解决乡村社会美育实践相关问题，可借助审美视角重新发现、审视、建构乡村美学的空间场域，提升在地居民审美认知与审美体验，形塑乡村美学共同体。

---

[1] 杨冬江,张熙.当代乡村社会美育的内涵、路径及意义探析[J].美术研究,2023(1):111.

一、从城市空间到乡村地域：美术馆的"下乡之路"

在近百年来的乡村建设历程中，艺术发挥着特殊作用。乡村振兴战略的实施与艺术家介入乡村建设热潮的兴起，使乡村逐渐成为新时代艺术价值实现的实践场域和地理载体。在近年"艺术乡建"项目中，不断出现营建乡村美术馆的案例，多数体现的是以展览为主的非完整性美术馆概念。实际上，早在1941年，陈抱一于《洋画欣赏及美术常识》一书中便提及了"村镇美术馆"及其建设蓝图，陈抱一认为，村镇美术馆的内容、规模等都不必效仿都市美术馆，构造形式应与村镇环境相调和，陈列品的种类也要根据事实进行考量等。①

在乡村振兴、乡村文化建设的新时代社会背景下，乡村美术馆的重要性逐渐被重视。但目前，我国乡村美术馆在全球艺术生产市场中仍处于边缘位置，构建与城市同步发展的美术馆系统，推进新时代之文化建设，建立乡村美术馆迫在眉睫。

面对当前状况，笔者认为理应将乡村视为艺术共享性和普遍性的实践地，根据乡村美术馆所在地的文化传统，充分发挥乡村美术馆的场域优势，实现在地居民的全面式美育。而如何有效发挥乡村美术馆的艺术功能，如何使其成为固定的美育场域，辐射力达到最高阈值，成为美术馆"下乡"过程中不可回避的问题。

建立在乡村的美术馆，缩短了我国农村与城市之间的文艺距离，避免了"乡村—城市"的艺术分野。乡村美术馆和城市美术馆应在不同的地域空间中共同发挥文艺育人的效用。乡村美术馆不同于城市美术馆，应在借鉴城市美术馆发展经验的基础上挖掘和保持自身特性。比如，展览空间与展览模式应与当地乡镇环境相协调，构造形式应力求符合当地审美传统，展览主题也应根据当地的农业生产、乡土文化进行确定。

当前，乡村美术馆的建设正逐步与悠久的乡土传统逻辑协调一致。乡村美术馆以其特有的形式推动乡村文化的发展，与城市美术馆形成一种互生平等的关系。乡村是聚居人群进行集体活动的场域，在乡村建立凝结着人类精神的美术馆，意味着村民将成为艺术创作的主体和对象。乡村美术馆的物理空间作为客体，凝结了来自大地的一种共生情感，加强了村民与文艺的交流和互动，成为具有在地性文化意义的当代精神空间。乡村美术馆以乡土性的方式思考艺术的功能、表述的方式等问题，担负起村民审美教育的责任，通过展示村民的生存经验与生存代价，揭示中国农村发展所遇到的问题，使村民文化认知与审美价值得以重构。而在这一过程中，艺术家这一主力军发挥着重要作用。当艺术发生在乡村时，

---
① 王韧.中国乡村美术馆的理论构想与实践思考[J].中国博物馆,2019(3):37-38.

驻村艺术家开始尝试以一种新的叙事方式去解读艺术事件与艺术作品,这为村民的生活和认知世界提供了新内容。毕晓普(Claire Bishop)认为:"艺术家不再是某一物件的唯一生产者,而是情境的合作者和策划者;有限的、可移动的、可商品化的艺术作品不再存在,取而代之的是一些没有时间起点,不知何时结束的不间断的或长期的项目;观众从'观看者'或'旁观者'转变为合作者和参与者。"[1]艺术家与村民应互为创作主体,艺术创造并非单向输出,而是双向交互。乡村艺术家应合理把握艺术与实践的共存关系,重塑乡村人民与乡土的血肉联系,借由艺术的独特功能"唤醒"乡情,在潜移默化中改变乡村的生产生活方式与人文风情。

乡村美术馆不同于城市空间的美术馆,其叙事逻辑呈现出"个体性"、小范围"地方性知识"的特征,表述方式也与当地的具体事物相关联。驻村艺术家将很多关于自然的早期经验和"活"在乡村社会口耳中的俚语、歌谣、故事加以书面化表达,以艺术的形式呈现给民众。"乡村的结构性困境被反映为一个个鲜活的个体叙事,而当代艺术的多元表达媒介也让乡野中日常的自然物与废弃物通过开放的制作技术获得重生般的叙事赋能。"[2]来自四川美术学院的艺术家们入驻贵州山区的羊磴镇,深入乡村情境,发动当地居民将艺术植入生活,使当地呈现了"赶场""河上警察"等独具魅力的地方文化景观。乡村美术馆的叙事涉及农村、农民、田野等内在要素,在乡村语境下,我们须对作品有新的认知,应以开放的形式构建舆论场域,与当地的观者共建作品的生成、展出语境。艺术家刘伟伟的实践采用了一种很重要的艺术构建方式——传播,而乡村美术馆正是以这种公开的传播方式确立了自身的独特性。在石节子艺术项目的实践中,刘伟伟创作了一种事件式的艺术作品,引发村民的好奇心和讨论,加深了艺术介入乡村的程度。将乡村与艺术联结起来的乡村美术馆,能够生成一种具有实际作用的力量,它将村民遭遇的现实问题呈现在大众面前,并有望成为乡村民众自我组织和权利构建的一部分,从而促进乡村的全面振兴。时至今日,乡村美术馆已转变为传统与现代交融之所,在既有的文化表述中,各地的乡村美术馆创造出了各自的话语体系和叙事逻辑,本土资源由此产生了新的意义。

艺术家驻村,村民参与艺术品的创作与传播,同时乡村美术馆展出具有地方特色的文化景观与艺术藏品,呈现独特的叙事逻辑,至此,美术馆完成了从城市空间到乡村地域的"下乡之路"。

---

[1] BISHOP C. Artificial hells:Participatory art and the politics of spectatorship[M].London:Verso,2012:2.
[2] 陈晓阳.从殿堂到桥梁:乡村美术馆与跨社群对话[J].美术观察,2021(5):14.

二、从"在场空间"到"美育场域":乡村美术馆的发力点

乡村美术馆是立足于乡村传统、独具地方特色的文艺空间,集精神性、审美性、社会性、导向性于一体。它将艺术赋能于民众,促使本地村民重新认识本土文化,对塑造集体记忆和增强乡土文化认同感具有重要意义。乡村美术馆的特殊性决定了其在自身定位、运营模式、服务管理以及审美教育等方面还有较长的路要走。目前,常规性美术教育活动已被纳入各美术馆的必备项目。乡村美术馆如何在此基础之上纳入乡村的文化脉络和村民诉求,以发挥场域优势,形成"口碑"效应,应是当前诸多乡村美术馆所面临的现实问题之一。面对乡村美育薄弱和多数观者"看不懂"艺术等社会性问题,乡村美术馆应摸索出具有自身特色的教育路径,如展出当地农村生活、农业生产主题,富有当地特色的艺术品或具有纪念意义的人物肖像画等,以解决乡村民众与美术馆展品间存在的"割裂""隔阂"问题。

美育在乡村美术馆这一新的文化场域焕发出新的活力。发挥乡村美术馆的美育效用,应从乡村美术馆的场域优势出发,其馆藏作品应强调本土性表述。乡村美术馆具有真实、直观、集中、开放的场域特征,公众亲临现场,可从多角度感受艺术、思考艺术。[1]当代艺术的乡土实践使传统美术馆及其背后的生产机制不断遭受质疑和挑战,乡土艺术不断释放出生命活力,促使地方性的文化景观不断迈进大众视野。艺术乡建"着力于重建一种具有在地性文化意义的当代精神空间"[2]。乡村美术馆及其代表的艺术审美倾向可促使民众完成对自我身份的确认,在塑造地方形象、力求掌握本土话语主动权等方面传达出民众的声音。

创造参与式的艺术模式是乡村美术馆发展需遵循的原则,这种模式是指立足本土资源和乡土传统,使乡村、村民与艺术相融合,提高当地居民艺术创作和传播的参与度。"乡村美育在未来当以一种落地的、俯身的、大众化的姿态,从艺术家、知识分子的精英化'表征'的艺术转变为艺术家与村民共同协商合作、在社会场域以社会问题为导向的'参与式艺术'。"[3]乡村美术馆应注重美育体系的全方位建立,筹划多类型的艺术体验活动,让当地居民切身参与艺术的创作和传播。上海可·美术馆便是充分发挥艺术的在地性,开展富有特色的美育活动的典型。可·美术馆通过调查发现城市居民对农事活动兴趣极高,因而主要面向城市居民开设了"劳动+艺术"的公共教育课程。所开设的课程内容包括沙画体验、田

---

[1] 崔佳.论艺术教育的视觉途径——美术馆教育的方式[J].文艺争鸣,2009(5):125.
[2] 王璜生.精神空间:美术馆介入乡建[J].美术观察,2021(5):12.
[3] 庞茂琨,李莹.以乡村美育助推乡村振兴——四川美院建设美丽乡村的思考与实践[J].美术观察,2023(1):16.

园写生等。[①]乡村美术馆可充分整合乡村的人文风俗、自然环境等因素,实现变"废"为宝。"在甘肃省天水市秦安县叶堡乡的石节子美术馆建立时就确定了'通过艺术改变村庄'的宗旨,他们不定期举办艺术活动,鼓励村民参与其中,并培养农民艺术家。在艺术氛围的熏陶下,村民不再乱扔垃圾,生活更加有激情,并且吸引了更多人走进村庄。"[②]此类艺术创作模式体现了为人民服务的艺术本质,唤醒了村民的审美自觉。

乡村美术馆的美育目的之一便是普及艺术教育、培养艺术人才。陈之佛说:"中华民族既然具有丰富的美术天赋,我们就应培养它,尤其对于天才的美术青年要培养他,以助其大成。专门的美术教育之外,还须注意普通教育的美育及社会教育的美育。"[③]在陈之佛看来,美术馆是中国美术建设中不可或缺的部分,具有提升国民素养、指导艺术家的功用。乡村美术馆的营建,为村落中的普通人提供了接触、参与艺术的机会。在广州从化乐明村源美术馆驻留的艺术家黄静远,在教育资源匮乏的情况下,为村里的孩子们开办了乐明画画班,引导孩子们尝试材料的不同用法,通过画画的过程培养他们的自信和专注,同时提供了一个强化亲子关系的场域,在当地孩子心里埋下了艺术的种子。[④]正如石节子村村主任所说,"其实,每个人都有成为艺术家的潜质,我希望能够通过自己的努力,开发出他们的潜质"[⑤]。

总之,乡村美术馆应利用场域优势,根据当地乡村文化选择艺术品的展出类型,注重艺术作品的本土化表达,以民众更能接受的方式引导其欣赏艺术。创造参与式的艺术模式,使民众参与艺术品的创作和宣传,最终达到构建美育场域、普及艺术教育、培养艺术人才的目的。

三、从美育场域到产业基地:乡村美术馆的运营模式与发展方向

随着艺术介入乡建的不断深入,政府参与、艺术介入、主体互动的方式不断丰富,使乡村美术馆的概念与功能不断得到拓展,多元化的公共教育活动成为美术馆的常备项目,展览功能已不是其唯一"招牌"。乡村美术馆为与乡村经济发展更紧密地结合,运营模式已从以公益性为主转为公益性与经济性并重,并注重不同产业的跨界融合。近年来,乡村美术馆不断促进政府机构、艺术家、非营利组织与当地居民等主体参与的展览模式和产业融合,

---

① 陈瑞.不一样的在地性——乡村美术馆发展维度再探讨[J].美术观察,2021(5):20.
② 张彪,张艺加.乡村美术馆社会美育功能的践行路径[J].美术,2021(12):146.
③ 陈之佛.陈之佛学画随笔[M].上海:上海人民美术出版社,2020:74.
④ 冯兮.鸡犬相闻——乡村与美术馆的关系[J].美术观察,2021(5):27.
⑤ 李静涛.村里开了美术馆,村民日子好起来 石节子村村长,还想盖个澡堂子[J].环球人物,2012(32):43.

持续不断地搭建艺术家、设计师、当地民众、游客共同参与的开放式空间场域,促使不同主体共同参与、创造、分享作品、产品与项目的生成语境,形成城市与乡村之间、民众之间的深层互动,实现村集体、农民、艺术家在艺术,特别是乡土艺术方面的共融共享,在地居民由此也获得了可观的经济收益,真正实现了艺术振兴乡村。

众多艺术乡建活动将村落闲置资源与高校项目结合起来,对乡村建筑空间的硬件与软件再造升级,使乡村美术馆变成一种公共文化空间,焕发出村落的生机与活力。乡村美术馆以一种艺术实体的形式,为乡村带来了显性与隐性多种维度呈现的经济价值。[①]乡村美术馆的建造,实现了从"废墟"到"殿堂"的升级转化,形成了乡村开放的属性和传统,对乡村文化起到了保护作用。现有大多数乡村美术馆具有学院基因,可为乡村打造公共教育品牌、拓展美育渠道提供有利条件。借助"十校结百村、艺术美乡村"活动,重庆师范大学美术学院与重庆市綦江区永城镇中华村联手打造了重庆市首个乡村美术馆,定期组织相关专家到馆内授课和创作,并举办艺术展览,建立起高校师生与乡村百姓的文化纽带,为綦江文化发展提供更多可能。2020年,四川美术学院与渝北兴隆镇建立起校地合作关系,打造了纤维艺术馆、新媒体艺术馆等,提升了牛皇村礼朝屋基的文化品质。

乡村美术馆借艺术之"手"充分调动村民的内在艺术动能,借助文创包装设计等文化产业,提高乡村经济效能,以期实现乡村经济、文化的全面振兴。"2021年5月23日,羊磴艺术合作社携手四川美术学院组织了'羊磴木元黄桃艺术节'的活动,以'艺术参与乡村建设,艺术服务美好生活'为准则践行乡村振兴战略的具体内容。艺术家通过走访苦楝村木元组的黄桃种植户了解木元黄桃的种植、销售等情况,与种植户代表拟定详细的合作流程,签订协议,通过木元黄桃艺术节的形式整合羊磴地方的农业产业和羊磴艺术合作社的艺术资源,为木元黄桃设计视觉感强的品牌包装。艺术家力求通过艺术服务乡村的方式,打造木元黄桃品牌,并借助羊磴艺术合作社的微店'羊磴艺术供销社'为木元黄桃提供网络销售渠道,以'综合艺术+售卖'的方式助力苦楝村木元组黄桃特色产业的发展,在参与、协商中发掘农业产业项目,提升产品的创意附加值,让艺术为乡村产业振兴作出贡献。"[②]乡村美术馆是为在地居民创立的一种公共文化空间,在服务当地居民的同时,又服务于艺术家、高校学生团

---

① 姚艳玲.艺术介入乡村公共空间的经济表现——以甘肃石节子村美术馆为例[J].吉首大学学报(社会科学版),2019(S1):107-109.
② 萧放,霍雯.乡村振兴背景下艺术乡建的样态与实践——以羊磴艺术合作社的参与式艺术实践为例[J].西北民族研究,2021(4):94.

体与外地游客等群体,在体现公益性的基础上为在地居民带来可观的经济效益。甘肃石节子村美术馆建立后,通过网媒、纸媒等多种宣传途径使村子的知名度得到提升,吸引了大批艺术家和学生团体进行驻村创作,村民在为其提供餐饮住宿服务的同时获得经济收入。乡村美术馆所带来的经济效益为当地基础设施改善和美术馆公共艺术项目的实施提供了经济支撑。艺术项目的实施又为在地居民提供了一种全域式的美育方式,使村民不断参与到艺术家的创作中去,由此改善在地居民的生活状况、审美认知与审美体验,同时积极促进"乡村文化"走出去。

乡村美术馆不仅增强了艺术创作者的现实感触与思想认知,为广大人民提供了开拓性、体验性的艺术空间,同时还作为乡村产业空间的一部分,通过艺术节、艺术事件、艺术产品等形式助力乡村经济的发展,实现了从美育场域到产业基地的跨越。目前,诸多乡村美术馆持续发力,不断输出美育理念,影响周边村民,挖掘民众内在的艺术潜力,丰富乡村民众的文艺生活,提升产品的文化附加值、艺术创意值,以"艺"促销,真正实现了乡村文艺繁荣带动乡村产业振兴。

四、结语

乡村美术馆作为新时代一种特殊的文化空间,是"一种具有在地性文化意义的当代精神空间"。其在地性蕴含着巨大的场域优势,应以有别于城市美术馆的叙事逻辑展现艺术与乡村、民众的联结,最大限度地发挥美育的功效,从而使艺术的介入成为乡村振兴的发力点。

金鸡三磴、百丈梁、苏家浩地名考

姜孝德

（重庆市江北区文化馆）

弄清古代地名、理解地名中的文化内涵，是我们理解古代地理著作与文学作品必须迈过的一道坎，迈不过这道坎，一切都看不清楚。

金鸡三磴属江北五宝镇，苏家浩属巴南木洞镇，而百丈梁却是两镇之间长江之中的石梁，为什么要把三者放到一起来考证呢？那是因为三者同在一个区域，古人说A时，常附带说B，而说B时，又常说A或者C，因此ABC一起讨论，会说得更清楚些。这三者虽然都是小地方的地名，但是已经镶嵌到了重庆的历史文化之中。不弄清楚地名，相应地区的历史就是一锅糨糊，即便是为一首小诗作注，也会让人云里雾里。对于小地名，学问家们无法一一亲临现场考察，他们不知道或没有解释的，或许当地一般的人知道，但又未必能写到书上，如此的脱节，就注定了要让后人去猜谜。比如，有人注释《光绪元年长寿县志》，该县志中有"除逆贼于百丈梁"的记载，注释竟然说"百丈梁：此地名查无果"[1]。仅是这么一个地名注释的缺陷，就让人对这部书的质量产生怀疑。长寿距离百丈梁才多远？不知从何时起，一些学问家，特别是注家，他们发现了珍藏在地方志中的瑰宝——关于地名的解释（这些解释都是当地人写的，绝对真实，并且十分细致）。

金鸡三磴，历史上有无数个异名。今天互联网上的电子地图上，几乎都标的是金鸡山背。就命名的先后顺序而言，当是先有金鸡三磴（或金鸡磴），而后有金鸡磴山、金鸡村。《江北厅志·舆地志》中有金鸡臂山，从其描述看，应该就是今天的金鸡山背。"金鸡臂山。五甲，厅东一百三十里，高五里。山足直下大江，状若金鸡吸饮。去此三里许，有古巡险司署，旧址今为民宅。"可见，金鸡三磴（或金鸡磴）是因为当地有巨石若雄鸡饮江而得名。

---

[1] 张永熙.光绪元年长寿县志[M].余云华,校注.北京:方志出版社,2013:721.

较早正确记录"金鸡三碚"并使其有较大影响的人是清朝诗人张问陶。他乘船路过金鸡三碚，写了一首《由百丈梁下金鸡三碚》①的诗：

> 大石满一江，舟与水争捷。
> 开窗岸倒飞，十里一呼吸。
> 了了千峰去不回，空花堕眼诗情急。
> 神哉江中百丈梁，黝如积铁攒锋芒。
> 撑山拓水江为直，千龙衔尾何其长。
> 柁转山回风浪麐，金鸡三碚昂然秃。
> 不飞不跃可笑人，波底微闻声粥粥。
> 长年三老真神速，肯许鼋鼍食人肉。
> 操舟破险如攻毒，使我扁舟稳于屋。

此诗还真没有辱没张问陶清代"蜀中诗人之冠"的美誉。此诗为"金鸡三碚"这个地方定了名，并且还对其进行了描述。"金鸡三碚昂然秃"，说明金鸡三碚只有光秃秃的石头。

张问陶此诗的题目曾让我迷惑。《由百丈梁下金鸡三碚》，以我的观点来看，他是把百丈梁的西端（木洞处）当作了百丈梁。整个百丈梁少说也有十里长，而金鸡三碚仅仅是个点，怎么"下"啊？

金鸡三碚一名最早见于书，大概是明朝隆庆年间（1567—1572）。当时一个叫黄汴的徽商，深感人们南来北往十分不便，于是动手编写了《天下水陆路程》。这本书"引路"价值早已消失，但是它的文化价值却依然存在。下面，我们选取长寿至朝天门的路程，读者可以看出此书的详细："马头碛，……养蚕堆（大水，险），……乐碛（柴浅），……大洪溪，……金鸡三背，百丈梁，……木洞驿，……明月沱，……鱼嘴沱，……野猪崖（水甚急，跳渡慎之。过河），……葛家沱，铜锣峡，莲花背，……趁滩，羊坝滩，……重庆府巴县朝天驿。"因为太长，摘录只有在进入江北地界后才详细了一些。请大家格外注意一下，就这么一段文字，还让我们看到了郭家沱、寸滩历史上的名称。这段文字也可佐证张问陶的《由百丈梁下金鸡三碚》，估计，古代曾把木洞段的百丈梁称作"百丈梁"，所以才有了"下"的说法。

---

① 张问陶.船山诗草[M].北京：中华书局，1986:197.

康熙十二年（1673），因康熙皇帝下令撤藩，中国爆发了"三藩之乱"。康熙二十年（1681）年正月，叛军彭时亨[①]由下游溯江而上，欲攻打重庆。一夜，他驻军百丈梁，就在这里，他被围歼。清军向朝廷上报时夸大其词，说彭贼全军覆灭。其实不然。彭时亨此战失败后脱逃，直到1682年才被逮捕。《巴县乡土志》对这次战争有记载："二十年正月，贼进据百丈梁（去城六十里），克期入犯，锋甚锐。贝子领各将军水陆俱下，直捣贼营，分布士兵，扼两岸险阻，断其归路，水师李将军奋勇先登击贼，尽歼。渝寇始平。"这一段记载与《平吴逆纪略》中的文字几乎完全一样[②]。对此战，与李将军同时代的李锴，写有一篇《资政大夫轻车都尉参领卫唐李公三世墓表》，文中对此事写得非常详细："公乃帅舟师进，出铜锣峡，至木洞驿百丈梁。梁突江中，水分为三：梁北为洪，中大洪，南平水。而上游叠碎石曰'紧急三贝'，号最险。既至，抵莫严鼓试之，贼惊。公谓诸将曰：'贼易与耳。与诸君约：诘朝炮初举，集紧急三贝；再举，张两翼，进；三举，直前夺舟。夺舟多者为多，纵者以败论。'皆曰：'诺。'黎明，师集，炮三举。师争夺舟，贼众大乱。梁遂拔，歼其魁。时二十年之正月三日也。"文中的"紧急三贝"，应该算是金鸡三碚的又一个异名。他说金鸡三碚是"叠碎石"——碎石堆叠而成，应该不是。巴地凡称为"碚"的石头都是大石，即使貌似碎石，实际上也还是一个整体，正如北碚的"碚石"。

历史上的百丈梁，被历代的文人"堆"上文化，其实已经成了一种文化的载体了。清朝还有一个诗人李以宁也往上边"堆"了文化，他写有诗歌《百丈梁》[③]：

积石横江渚，人传百丈梁。

潢池曾此地，露布几经霜。

绝壁空残垒，悲风过战场。

巴渝东逝水，今古自汤汤。

但是，百丈梁到底在哪里呢？有人为李以宁的这首诗作注时说，百丈梁在巴县境东沿，为长江中小洲。自木洞沿江东下，过观音梁、箭滩、百丈梁直下扇背沱，即入长寿县境。这个说法基本上是正确的，但是，没有看到过百丈梁的人未必能理解。

[①] 彭时亨（？—1682），四川大竹周家乡人。曾是明朝武将，善水战。后降清，再叛清。他隶属夔东十三家之一的谭宏。1682年兵败再降，被凌迟枭示。
[②] 参见：蓝勇.稀见重庆地方文献汇点.下[M].重庆：重庆大学出版社，2014：536.
[③] 黄节厚.历代名家咏三峡[M].成都：四川人民出版社，1993：34.

重庆还有另外一个百丈梁,在云阳县巴阳峡中。丁治棠《巴阳峡》诗曰:"似峡非真峡,旁横百丈梁。"指的就是云阳的百丈梁。

在寻找百丈梁的过程中,我曾以为百丈梁就是苏家浩。因为能驻军、距城六十里、与金鸡三碚隔江相望的只有苏家浩。但是,当我查看了卫星地图、看了几位木洞的作者的文章后,我否认了我最初的想法。

下面,我们先看两位熟悉木洞的作者的文章。

> 木洞也有个长石梁,它位于木洞江面长江拐角处广阔的河道之中。有口头禅为证:长石梁十里长,南起白龙沱,北至太洪岗。据老船工讲,若按水下的龙脉走向,它可一直延伸到长寿县江面,登高鸟瞰,犹如一条游弋大江之巨龙,气势和规模非凡,数得上是川江最长的石梁了。
> ——李明训《木洞长石梁》,载中国人民政治协商会议四川省巴县委员会文史资料委员会编《巴县文史资料》第10辑第170页

> 白龙沱外江南一脉岸外有石梁延伸至麻柳扇沱以下,这漫漫数十余里的水岸石梁皆起于木洞。登高鸟瞰,石梁宛如一条蛰伏大江的巨龙,可谓荡气回肠,气雄江浦,这就是川江上最长之石梁,船工和当地人皆呼之为"长石梁"。
> ——林永蔚《木洞"长石梁"拾零》,载政协重庆市巴南区委员会、重庆市巴南区交通局编《巴南文史十九辑·巴南交通史话》第76页

其实,当地人说的长石梁就是文人说的百丈梁。百丈梁是介于金鸡三碚与苏家浩岛之间江中的石梁,它东北自太洪岗起,西南到白龙沱止,全长超过5000米。百丈梁并不是一条单独的石梁,其有时是一排有一两条石梁,有时一排会有三五条石梁,石梁与石梁之间距离很大,当地群众称其间的空隙为浩,浩里还可以行船。"船至木洞,未能投上对岸羊角背的水经,行至楼门子,未入大江正漕,而滚下门坎险滩,进入长石梁内浩。石梁绵亘,礁石林立,航道险恶,危险至极。"[①]因而,这样的石梁是完全可以驻军的。再说,彭时亨的兵是水兵,他们应该是"驻"在船上的。

今天,有摄影家用无人机拍摄了百丈梁,从图1我们一眼就能看明白百丈梁的形状。

---

① 段明,胡天成.川江号子(上)[M].贵阳:贵州人民出版社,2007:635.

图1 长江中的百丈梁（从木洞往长寿方向拍摄）

苏家浩是长江中的一个岛屿，长3250米，最宽处1150米，海拔310.5米（见图2）。新中国成立后，岛上设立了一个行政村，命名为苏家浩，从此大多数人都称此岛为苏家浩。其实，苏家浩原本是这个岛靠南岸一侧的河汊（见图3）。浩，为巴人语，词典上解释为"小港也"。其实，这不是"浩"的本义。巴人谓大于九十度的河湾为"沱"，小于四十五度的河湾叫"浩"，浩适宜停船，故引申出小港一义。

图2 苏家浩岛（局部）

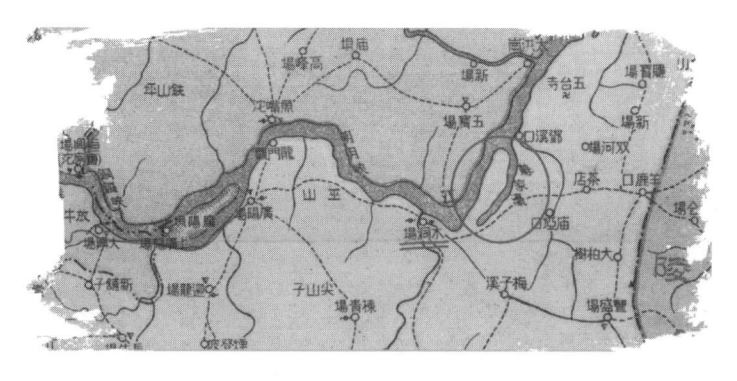

图3 民国时期木洞、五宝、苏家浩地图

苏家浩岛以前的名称叫什么呢？应该叫广德屿、离堆、尖山子等。《华阳国志》说："其郡东枳，有明月峡，广德屿，及鸡鸣峡。故巴亦有三峡。"[1]关于广德屿，历来也是众说纷纭，任乃强力排众议，坚持认为"明月峡外有离堆曰尖山子，即广德屿"。关于《华阳国志》这段文字，难点在"其郡东枳……"，若是标点为"其郡东，枳有明月峡……"，这样就更好理解了；值得注意的是，枳县县治曾于东晋永和三年（347）迁到洛碛镇，至东晋元熙二年（420）才迁出，而常璩完成《华阳国志》的时间再早也不会早过永和十一年（355），也就是说，常璩所指的"枳"应该在洛碛。再一点，常璩说"故巴亦有三峡"，这个"亦"字十分关键，他是排开巴东的大三峡而言的。

任乃强认定苏家浩岛就是古代的广德屿，这非常重要。他为广德屿定了位，也就是为另一个争议颇剧的广德峡定了位。有人说广德屿是广德峡之误，有人说广德峡在涪陵……这些说法都不对。广德屿最宽处仅为1150米，而海拔却有310.5米，如此高度足以与江北五宝镇干坝[2]400米左右的高岸构成峡。明月峡两岸海拔不过350米，枇杷山为重庆主城的制高点，海拔也才345米。《荆州记》云："巴楚有明月峡、广德峡、东突峡，今谓之巫峡、秭归峡、归乡峡。"这是正确的认识，广德峡不在别处，就在广德屿旁边。

尖山子为苏家浩上的山名，至今犹存；人们常以尖山子一名代称苏家浩岛。"……有横立于大江形成急流险滩的青石尾、龟亭山、尖山子、大中坝、下中坝、南坪坝、灯盘等。"[3]《巴县志》"江心岛与沙洲"条也如是说："除龟亭、尖山子两江心岛外，海拔多在200米以下。主要有分布于长江江心的跳蹬龟亭（小南海）、小坝乡的上中坝、木洞镇的下中坝、木洞乡尖山子（苏家浩）、麻柳嘴乡南坪坝、清溪乡垢坝、灯盘等。"[4]

清朝人在叙述战事的时候，已经不用广德屿一名，而苏家浩一名又还没有开始使用，因此就用百丈梁一名代称苏家浩这个岛。

---

[1] 任乃强.华阳国志校补图注[M].上海：上海古籍出版社，1987：27.
[2] 干坝村的人说，干坝地势高并缺水，故得名。
[3] 重庆三峡移民志编纂委员会.重庆三峡移民志：第一卷 库区原貌[M].北京：中国三峡出版社，2007：423.
[4] 四川省巴县志编纂委员会.巴县志[M].重庆：重庆出版社，1994：65.

情系舞坛终不悔
——记民营重庆华桦舞蹈团创办人刘云华

张孔华
（重庆万朗律师事务所）

"在滔滔的长河中，你是一朵浪花；在绵绵的山脉里，你是一座奇峰"，这几句歌词，堪称刘云华先生的写照。投身于改革开放的大潮，哪怕做一朵浪花，亦有无上荣光；在百花竞放的原野上，若秀峰耸立，必令人仰望。

刘云华早年参军，成为部队文工团的舞蹈演员和编导，从此与舞蹈艺术结缘。转业后，刘云华到重庆职工财贸俱乐部工作，担任文艺干事，成绩斐然，他创作的舞蹈《步伐》《回厂探亲》《药场新苗》等，享誉一时。

20世纪80年代中期，改革开放的浪潮兴起，开拓者不断涌现，在时任重庆市文化局副局长邢志汶的鼓励之下，刘云华毅然放弃"铁饭碗"，下海创办艺术团体——重庆华桦舞蹈团，其勇气正是源于对艺术事业的不懈追求。彼时正值电影《红菱艳》上映，影片中主人公艺术总监莱蒙托夫性格刚毅，视艺术为神圣的事业，对刘云华产生了深刻的影响。他决心效仿莱蒙托夫，成就一番事业，以实现自己的艺术梦想，遂投资创办华桦舞蹈团。

为何取名华桦舞蹈团，华桦有何含义？"华"系指中华或华夏，比较好理解。"桦"是白桦树。原来，刘云华曾在北方的茫茫雪原中见到过白桦树傲然挺立的英姿，他认为，白桦树显示了一种坚定的信念和顽强的生命力，对白桦树的仰慕之情油然而生。因此，舞蹈团以"华桦"为名。刘云华希望以弘扬中华文化为己任，以白桦树百折不挠的精神勉励全团演职员热爱舞蹈艺术，坚忍不拔，敬业奉献。

千里之行，始于足下。创业之初，艰苦卓绝，刘云华拿出自己的全部积蓄作为开办华桦舞蹈团的经费。他在《重庆广播电视报》上刊登招聘广告，又在渝中区青年路体育场设置考场招考演员，令人欣慰的是，有数百名青年才俊报考，考场上一时人头攒动，呈现出勃勃生机。经过严格筛选，颇有功底的26名舞蹈尖子脱颖而出，成为舞蹈团最初的阵容。经过在远离市区的南桐矿务局三个月的节目排练，华桦舞蹈团已经具备登台演出的实力，于是刘云华广发海报，开始了重庆华桦舞蹈团在重庆的主城区和各乡镇的演艺生涯。优美的舞姿、精湛的表演艺术，以及浓郁的本土气息，赢得经久不息的掌声和欢呼声，华桦舞蹈团的演出场场人气火爆，不过，演出收入却不容乐观。当时，国有专业艺术团体都举步维艰，作为一家才起步的民间舞蹈团体，华桦舞蹈团面对尚不成熟的文化市场，更是备受煎熬，尤其演出许可手续一直审批不下来，导致其初期的经营几乎处于"打游击"的状态。当时，《重庆日报》用近整版的篇幅报道了华桦舞蹈团的生存状况，引起全社会的高度关注。时任重庆市委书记廖伯康指派市委宣传部主管干部到舞蹈团实地调研，此后，经重庆市委办公厅发文督办，重庆市文化局向舞蹈团颁发了演出许可证，困扰华桦舞蹈团多年的演出手续终于落实，为华桦舞蹈团的正常经营奠定了基础。

华桦舞蹈团创办伊始，就确立了"有品位、有特色、受欢迎"的定位。坚持正气引领，拒绝歪门邪道；坚持严谨苦练，杜绝浮躁松弛；坚持德艺双馨，谢绝不良诱惑；坚持格调高雅，抵制低级趣味。其作品植根于重庆城乡，讴歌时代，贴近生活，着力展现重庆人独有的精气神，极具新颖性、独创性、时尚性。刘云华非常注重与时俱进，关注青年人的审美变化以及流行音乐的影响力，他大胆起用青年演员，让他们演出颇有青春气息的舞剧，使华桦舞蹈团呈现出蓬勃的生命力。

中国舞协主席吴晓邦曾认真听取过刘云华的工作汇报，中国舞协名誉主席贾作光、上海芭蕾舞团著名芭蕾舞剧《白毛女》主创林泱泱等许多艺术家到重庆作艺术指导时，都曾到华桦舞蹈团督导其排练和演出，这极大地提升了舞蹈团的演艺素质和职业素养。

彼时，华桦舞蹈团具有相当强的演出实力，舞蹈队、演唱队、管弦乐队、民乐队皆由专业人员组成，能够迅速适应市场运营的需求。民间艺术团体是在演出市场求生存的，因此他们比较熟悉公众的需求，其作品能更好地体现大众化、娱乐性、多样性及观赏性，故也更具顽强的生命力。

舞蹈团曾有过一年之内演出近500场次的辉煌业绩，其中，当代歌舞晚会"爱与火"在全国巡演，场场掌声雷动，经久不息。华桦舞蹈团还另外建立了一支女模特表演队，表演队由

12名体形优美、面容姣好的女模特组成,到北京、天津、广州等地演出,无不令观众惊艳、媒体叫好。重庆美女一时誉满神州。

刘云华将舞蹈艺术作为毕生事业,并以兼任华桦舞蹈团艺术总监为荣。他有所追求,也有所作为。他执导的垫江牡丹文化节开幕式文艺演出、合川钓鱼城休闲文化节开幕式专题文艺演出、为中国梦起舞100场巡演、《白沙风云》等演艺项目均获得社会各界的良好评价,人们盛赞其深厚的文化功底、极高的艺术造诣及其气韵沉雄的自信。

在刘云华执导的"国光之春"大型音乐晚会上,演艺界著名艺术家唐国强、于洋、李仁堂、葛存壮、陈爱莲、古月、李媛媛、李谷一、那英等与华桦舞蹈团演员同台演出。当时,重庆人民大礼堂座无虚席,气氛热烈,掌声雷动,高潮迭起。

当爱情天梯的故事感动亿万中国人之时,刘云华创作了六幕舞剧《天梯之爱》。这部舞剧以柔美的舞蹈、动人的旋律与沉重的号子交织成美丽的画卷,具有无与伦比的感染力,当然好评如潮,声名远播。

台湾著名文化人、歌词作家庄奴先生与刘云华颇有交谊,其返故乡璧山必访华桦舞蹈团,当听说刘云华正在排练"为中国梦起舞100场巡演"时,欣然提笔作歌《美哉中国梦》,歌曰:

> 美哉中国梦
> 梦儿里有大爱
> 梦儿里有真情
> 梦儿里泱泱大国风
> 与世界共和谐
> 与全球共和平
> 与人类一同共繁荣
> 亲爱的好兄弟好姐妹
> 舞蹈在歌声中
> 舞出你的梦
> 舞出我的梦
> 舞出伟大的中国梦

此《美哉中国梦》表达了庄奴先生由衷的爱国之情,也寄托了他对华桦舞蹈团的厚爱。刘云华将歌词填入名曲《彩云追月》的旋律中,词曲和谐,意趣盎然,成为巡演的经典歌曲,引起全场观众的强烈共鸣。

华桦舞蹈团是民间艺术团体,也是艺术人才的摇篮,许多音乐舞蹈艺术人才,如著名歌星黄绮珊,旅美舞蹈家叶皓,巴蜀十大笑星廖健,全总文工团大宏,知名原创音乐人老虎(肖建虎),著名舞蹈编导刘华富,本土影视明星黄角丫(曾渝京)、毛兴红(曾任重庆歌舞团副团长)、朱艳(曾任长安文工团团长)等均曾是华桦舞蹈团的演员。每当他们回忆自己的艺术成长历程时,总会感恩刘云华和华桦舞蹈团。刘云华对他们的谆谆教诲,华桦舞蹈团的严谨作风、对艺术孜孜不倦的追求与探索,使他们受用终身。

刘云华也热心于舞蹈艺术教育,曾担任重庆舞蹈学校、重庆南方艺术学校、重庆华桦实验学校校长,至今仍受聘担任重庆传媒职业学院文旅演艺学院院长。其在任职期间有着令人瞩目的成绩。

1999年,应国务院港澳事务办公室和文化部的邀请,刘云华率重庆舞蹈学校65名师生参加澳门特区政府举行的庆祝回归祖国大型文艺汇演"濠江欢歌"的演出,引起轰动。

2008年,第二十九届夏季奥林匹克运动会在北京举行,以张艺谋、张继刚为主的导演团队盛情邀请刘云华带领演艺人员参加奥运会开幕式演出。北京奥运会导演组在西南地区众多文艺演出单位中独独选中刘云华,显然是对其清雅脱俗的品格和卓越技艺的认同,此乃莫大的殊荣。刘云华率重庆南方艺术学校30名女学生前往北京集训排练,光荣地参加了奥运会开幕式的节目演出,其精湛的技艺获得导演组一致的赞许,也为重庆增光添彩。彼时应是刘云华一生的高光时刻,面对新闻媒体的采访和政府的表彰,他闭口不谈经历的艰辛,只是以微笑作答,或简言:"为重庆争光,再作贡献。"

其实,刘云华所从事的民营演艺事业和民办艺术教育事业,是风险极高的行业,如无融资渠道或强有力的政策支持,是难以为继的。就舞蹈艺术教育改革的尝试和探索而言,刘云华是当之无愧的前驱。他虽屡受挫折,但从不言弃,也不后悔,认为只要努力过,就可坦然面对。他说,对艺术的热爱,须践行无私和奉献,内心也要有强大的定力作支撑,只有持之以恒,才能有所作为。

作为植根于巴渝大地的老一辈舞蹈艺术家,他一直希望重庆有一台展现巴渝人文历史和灿烂文化的大型舞剧,他想为这部舞剧取名为《大美重庆三千年》,使之成为重庆的文化名片。他孜孜不倦地苦读重庆地方文化史料,不知经历了多少难眠之夜,终于写出了剧本(该剧本已经11次修改,现仍在完善之中)。舞剧拟采用现代舞台声光科技,以舞美表现重庆的秀丽山川和厚重历史,突出浓郁的巴渝韵味,让下巴里人和阳春白雪皆具美感;让人们通过观此舞剧,产生"行千里、致广大"的深邃情怀,从而提升对重庆文化的认同感,产生异质体验的旅游冲动;力争成为影响全国乃至全世界的文化精品。可喜的是,经过刘云华的努力和重庆市文旅委的支持,此项目已经纳入重庆市"十三五"旅游文化产业发展重点项目。

希望《大美重庆三千年》能早日与观众见面,亦祝愿刘云华能早日达成心愿!

近代韩国独立运动旗手李东宁

夏雪

（重庆大韩民国临时政府旧址陈列馆）

李东宁，字凤所，号石吾，1869年生，韩国忠清南道清原郡人。李东宁是近代韩国反日独立运动当之无愧的革命先驱，是在韩国独立运动史上如领袖一样的存在，他是金九背后坚定的支持者，可称之为近代韩国独立运动的中流砥柱。他个人的谦逊作风和高尚品格也得到韩国人的认可和称道。他开化、民主、独立、团结的思想为大韩民国临时政府领导下的韩国独立运动带去希望和信心。他对独立运动的执着也为艰难求存的大韩民国临时政府带去坚定的信念。这些也是李东宁被称为韩国独立运动的"泰斗"、被授予大韩民国建国勋章的原因。

一、积极从事反日复国事业

李东宁的父亲曾是庆尚北道义城和宁海两郡郡守，祖上李万成在朝鲜王朝肃宗时期担任过任实县监和吏判，李东宁是李万成第十五代孙。作为士大夫阶层，又是长子，李东宁从5岁起就进入书堂学习《千字文》和四书五经等汉学文化。其幼年和少年时期，经历了《江华岛条约》签订、壬午兵变、甲申政变、《汉城条约》签订等历史事件。在举家搬迁和跟随父亲到宁海的过程中，李东宁目睹了日本帝国主义在朝鲜半岛的侵略行径，这是其成年后决定一生开展救国运动的重要背景。但他一定没有预料到，自己会在中国重庆生活直到离开这个世界。

1905年，李东宁因参与废除《乙巳条约》运动而被捕，获释后逃往中国吉林省龙井村。后与李相高、李始荣等创建耕学社，设立军官学校，负责购买土地、建筑房屋等事宜。李东宁还和李始荣、李会荣等人一起创办新兴学校（后改称新兴武官学校）。朝鲜半岛被日本吞并以后，李东宁同李相高等一批先期觉醒的士大夫到苏联远东地区从事反日独立运动。

李东宁积极策划并参与了韩国独立运动史上的一个重大事件，即发表《大韩独立宣言书》。这份宣言书是韩国独立运动史上具有重要历史意义的里程碑式的革命文献。

二、主导并参与成立大韩民国临时政府

上海是当时东方先进思潮最集中、地理位置最便利的地方之一。朝鲜半岛"三一运动"失败之后，大量独立运动人士逃往上海，使得上海的韩国反日独立运动空前活跃，聚集在上海的韩国反日志士们开始酝酿组成临时政府。

当时，比李东宁更早来到中国的申圭植等，在上海为韩国复国事业打下了一定的基础。李东宁到达上海后即与申圭植携手探索成立临时政府。他们为弄清楚中国的形势，从而摸索出独立运动的方法，在北京、上海之间来回奔走。李东宁初次到达上海的时间应该是1919年的3月10日左右，然后与李会荣、曹成焕、朴容万、金奎植等人前往北京聚会探讨，于3月下旬再回到上海商议成立临时政府一事。李东宁在这种来回奔波中意识到，组织统一的民间革命政府才是最重要的事。他首先提出设置独立临时事务所，这一想法和提议在杜月笙的帮助下很快得以实现。他在法租界开设独立临时事务所，开始向各国宣传韩国独立的主张。韩国独立运动家赵琬九在回忆李东宁时说，韩国国内外各地运动者，多数集中于上海，会商运动方针，先生主持一切，旋由韩国国内各团体代表会议决，指定（李东宁）为海外领袖，在上海组织临时政府。

1919年4月，聚集在上海的各韩国独立运动者在法租界金神父路（今瑞金二路）召开临时议政院第一届会议，会议通过选举，选出以李东宁为首的29名临时议政院议员。李东宁当选为议政院第一届议长，孙贞道为副议长。此次会议通过了国号、纪元、临时宪章和临时政府政纲等多项重大决议，最终确定国号为大韩民国，以1919年为大韩民国元年。1919年4月13日，李东宁代表临时议政院正式向全世界宣布大韩民国临时政府成立。李东宁作为临时议政院的第一任议长，圆满制定了有关成立大韩民国临时政府的法律程序，主持修改完善了临时宪章和议政院法。

李东宁在担任临时议政院议长的同时，还担任韩国汉城（今首尔）临时政府内务总长。1919年4月23日，由朝鲜半岛13道24名代表参与的国民大会在汉城宣布成立"韩国临时政

府",推举李承晚为执政官总裁,李东辉为国务总理总裁,朴容万为外务总长,李东宁为内务总长,卢伯麟为军务总长,李始荣为财务总长,申圭植为法务总长,金奎植为学务总长,安昌浩为劳动总长,文昌范为交通总长,柳东说(悦)为参谋总长。

根据战争需要,有识之士开始计划培养卫生兵,作为韩国汉城临时政府内务总长的李东宁在此项事业中作出了许多努力,1920年1月31日成立护理员培训所,共培养出13名男女看护兵。

三、建立(旧)韩国独立党

韩国独立运动史上,党派林立,纷争不断。李东宁作为近代韩国独立运动的元老级人物,自始至终得到一众韩国独立运动者一致的尊崇和敬仰,这与他本人高尚的品格是分不开的。

当时以"韩国独立党"为名成立并开展活动的党派有若干。1928年3月,李东宁、安昌浩为清除派系斗争,统一韩国民族主义运动战线,决定以大韩民国临时政府成员为基础成立韩国独立党。3月25日,在上海法租界临时政府办公处,举行了韩国独立党筹建会议。与会者有赵琬九、尹琦燮、金九、严恒燮、李始荣、安恭根、金枓奉、朴赞翊、宋秉祚、车利锡、金朋濬、赵素昂、崔锡淳等。

1929年3月,安昌浩、李东宁等人联络各地韩国独立党、朝鲜革命党以及在上海的韩人少年同盟、爱国妇人会、女子青年同盟等团体,正式创建右翼党派韩国独立党。赵琬九任理事长,李东宁、金九等人任理事。李东宁等创办韩国独立党的宗旨就是支持大韩民国临时政府,此韩国独立党成为大韩民国临时政府领导的民族主义派的核心。

1940年,韩国独立党、朝鲜革命党、韩国国民党三党合一,在綦江成立新的韩国独立党,因此1929年李东宁等人成立的这个韩国独立党,后人也称为"(旧)韩国独立党"。

作为大韩民国临时政府坚定拥护者的(旧)韩国独立党成立后,为表明该团体坚决抗日的决心和维护在华韩侨利益,不遗余力地发起宣传攻势,频繁发声。

1931年7月初,由日本人策划的万宝山事件引发了朝鲜半岛排华惨案。李东宁、金九等人于1931年7月10日具名发表宣言,既为华侨遭遇之不幸而表示哀悼,同时也极力为同胞辩护,指出此惨案乃日本人挑唆陷害所致,希望民国政府不要因此苛待在华韩侨。因为担心朝鲜半岛排华惨案祸及东北韩侨,李东宁以(旧)韩国独立党理事长身份,具名向中国东北政务委员会致函,恳请中方详查排华惨案之起因,"查韩侨善后,实属重要。在形式不幸为中日外交事务。然实际上为贵、我两民族之情实问题。允宜雍容自谋,先事绸缪,免令日人趁机弄巧","恳望贵会俯察韩侨情势,洞照东亚险象,另加审查熟考"。[1]并在函后附上《韩侨善后案》,提出诸如对韩侨一律简易手续准许入籍,入籍后立即行使公民权,设立韩侨事务机关,保护管理韩侨,特别是韩侨中的韩国独立党人,设立韩侨保卫团,准许练武、实施铲锄日本奸细等建议。经济上要求废止对韩侨的苛捐杂税等。教育方面要求收容韩侨儿童入中国学校。[2]

另外,(旧)韩国独立党还曾在南京《中央日报》上发表《告中国同胞书》《(旧)韩国独立党关于李奉昌狙击事件宣言》等,号召中韩民族共同构建联合战线,与日本帝国主义最后决战。

1938年2月8日,重庆《扫荡报》刊登了一则短消息——《(旧)韩国独立党为中国将士募制寒衣》,同年8月发表《敬告中国同志书》,11月重庆《新蜀报》刊登金九《敬告中国民众书》,均表达出其希望参加中国抗战,愿意联合抗日的意图。

四、为大韩民国临时政府护航

作为大韩民国临时政府元老,李东宁为临时政府能够合理合法地存在可谓殚精竭虑。大韩民国临时政府成立伊始,影响力小,经费拮据,人心涣散,派别林立。金九后来被选为大韩民国临时政府国务领,即临时政府的最高领袖。当时金九心中忐忑,恐自己不能胜任此要职,拒不受任。面对这个情况,李东宁对金九做了大量的劝说工作,希望其尽快出任并着手组阁。在元老李东宁的全力支持下,金九挺身而出,就任国务领,改变了中国境内大韩民国反日人士"群龙无首"的状态。

李东宁提出先建立一个强固纯粹之民族运动阵营,然后再谋大韩民国全民族大统一,希望韩国独立运动光复阵线内的三个政党先行统一。因此,光复阵线所属三政党的合并统一又被重新提上议事日程。

抗战期间,大韩民国临时政府在西迁重庆途中,几经磨难。左翼阵营的崛起和自身颠沛流离的状态让金九领导下的大韩民国临时政府陷入危机,一度面临解散。这个时候李东

---

[1] 杨昭全.关内地区朝鲜人反日独立运动资料汇编.上册(1919—1945)[M].沈阳:辽宁民族出版社,1987:236.
[2] 杨昭全.关内地区朝鲜人反日独立运动资料汇编.上册(1919—1945)[M].沈阳:辽宁民族出版社,1987:236-237.

宁身体已受到很大摧残，但他依然坚定不移地支持金九，让差一点夭折的大韩民国临时政府得以延续。他支持和促成金九与金元凤于1939年5月在重庆发表联合宣言，促使各派别和团体积极进行内部调整。1939年7月17日，韩国全国联合阵线协会在重庆成立。

1940年3月，李东宁因肺病不治逝于綦江。金毅汉的夫人郑靖和回忆当时的情景说："1940年3月13日，我们痛失了一位伟大的灵魂人物。先生在綦江县（现綦江区）临时办公地2楼的房间里与世长辞……那天晚上，我们刚吃完面条，回去的路上先生突然面露疲态，我们都不敢掉以轻心。我一直负责照看先生，此刻也突然有了不好的预感。先生长时间以来都因为哮喘严重必须要有专人在旁照料……先生最后卧床的十天，我一直在旁侍奉，陪他走完人生最后一段路。当时有一名中国医生前来为先生诊脉，当场就说他已经无力回天。中国医生离开后，我们一边和重庆取得联系，一边小心看护先生。但是先生的病情已经无法挽回，最终还是撒手人寰。"大韩民国临时政府在简陋的条件下为他举行了隆重的葬礼。朝鲜半岛光复后的1948年9月，大韩民国以社会葬的形式举行遗骨奉还仪式，将李东宁的遗骨从綦江迎回韩国，安葬在孝昌园，1962年李东宁被追授大韩民国建国勋章。綦江至今依然保留着李东宁墓地和墓碑，綦江的李东宁旧居也作为中国援助韩国独立运动的见证得以保留。在綦江时期的大韩民国临时政府成员包括李东宁在内，都受到当地淳朴善良的老百姓热情对待。"我的父辈那一代，受到中国人很大的帮助，这份恩情我们一直是记着的。我听金九先生他们说过，当时在綦江，有当地居民担心韩国人吃不惯，经常给他们送吃的。"①

李东宁逝世后，他对于统一的强烈意愿影响了大量在华韩侨。金九对李东宁感情很深，评价也很高，他说，二十多年来，我们同心同德，同甘共苦，专心致志地一起工作。先生德才出众，一生乐于助人，有事让人出头露面（指李东宁不计名利），自己则退居于后，进行辅助开导。这是先生终生不渝的美德。至弥留之际，先生仍对我爱护备至。先生去世后，遇事我总是想起先生，因为再也没有先生当顾问了。有此想法的绝非我一人，失去了先生不能不说是我们运动（韩国独立运动）的一大损失。1945年11月，金九先生经上海返回朝鲜半岛，在谈到李东宁、申圭植、朴殷植、卢伯麟等时，感慨万分，潸然泪下，对他们为韩国的民族独立而作出的牺牲给予了极高评价。

中韩近代交往史，重庆，特别是重庆綦江，是光辉灿烂的一页。忆中韩史话，观当今世界，唯祝我们的祖国越来越强大！

---

① 李素心（韩国临时政府重要成员李达之女，现定居重庆。1943年李达逝于重庆）回忆。

"三峡文豪"张朝墉

赵贵林　赵桉
(奉节县诗城博物馆)　(奉节县图书馆)

【摘要】本文就清末民初的奉节诗人张朝墉诗歌创作活动和书法艺术情况作了较为全面的介绍。张朝墉经历丰富,交游广阔,足迹从西南到东北,师友从政界到文坛,诗篇杰作数不胜数,书法古雅端凝而别出一格,被人称为"夔门才子""三峡文豪""一代文杰",是近代川东文人中少数产生了全国性影响的人物之一。

【关键词】半园老人;太阳岛;张大千;墓碑

在奉节新县城永安街道,有一条南北通向的"北翔街",其取名与当地著名诗人张朝墉(图1)有关。

张朝墉(1860—1942),字北墙、伯翔、北翔,号半园,因蓄长须,又被称为张髯,有"三峡文豪""夔门才子"之称。著有《半园诗稿》《张朝墉诗集》,辑有《清黑龙江官印存》《行盦治印》等。

张朝墉出生于书香世家,16岁即考中秀才。清光绪十四年(1888)入选拔贡[①]。后曾在四川蓬溪、成都、宜宾等地任教谕。光绪三十二年(1906)入黑龙江将军程德全幕府,主管屯垦事务。1912年,黑龙江都督兼民政长宋小濂延请张朝墉任省府总务处科长。1914年,朱庆澜署理黑龙江军务兼巡按使,设黑龙江通志局,张朝墉受任纂成《黑龙江物产志》。齐齐哈尔清代时为黑龙江省会,旧称"卜奎"。张朝墉与张伯英、张延厚在诗词、书法艺术上有很

---

① 拔贡:清朝科举制度中选拔贡入国子监的生员的一种。初定六年一次,乾隆七年(1742)改为每十二年(逢酉岁)一次,由各省学政选拔文行兼优的生员,贡入京师,称为拔贡生,简称拔贡。

深的造诣,被地方志研究者称为卜奎"三杰"。1917年,张朝墉赴浙江任省长机要秘书,凡省府应酬诗文,多出自他手,后又受邀为《大中华浙江省地理志》作序,因其文或雄浑豪放,或清丽飘逸,俱为佳作,因此被浙江人誉为"一代文杰"。1927年,张朝墉到齐齐哈尔,先后组织了"龙城诗社""清明诗社"等。"九一八"事变后,他举家迁往北京。"七七"事变后,与爱国名士汪蔼士、程砚秋等分别以卖字、卖画、卖菜为生,写下《立定脚跟穷不怕》一诗,抒发了安于穷困,穷不变节的凛然正气。1942年,张朝墉逝世于北京,享年82岁。

图1 张朝墉像

一

张朝墉工于诗,并常以诗人自诩。2009年出版的《夔州诗全集》,收录张朝墉诗作259首。近年来,重庆三峡学院教授陈会兵等人编著的《张朝墉诗集》,搜集到上海聚珍仿宋印书局出版的《丁巳集》《戊午集》《己未集》《庚申集》《辛酉集》《壬戌集》《癸亥集》《甲子集》《乙丑集》《丙寅集》《丁卯集》《戊辰集》《己巳集》《庚午集》14本诗集,共计收录诗歌1749首。看起来,张朝墉是当时三峡地区写诗最多的诗人了。实际上,他1917年之前和1931年以后的作品,大多散落于其在重庆、四川、湖北、东北和北京、江浙等地与一些友人的来往信函中,现在还没搜集齐全,估计其诗作在2000首以上。

张朝墉祖父张济周、族祖张济宽为清嘉庆年间举人。自幼颖悟好学的张朝墉生活在一个国家遭不幸、世事动乱的年代。他出生在清咸丰十年(1860),那年英法侵略军在北京城把一座举世无双的园林——圆明园付之一炬。他生活在三峡之畔,目睹了外国军舰在长江上横行。生活在兵灾战祸中,面对动荡的时局和人民生活的艰难,他常以诗来抒发胸中的抑郁。

张朝墉到黑龙江齐齐哈尔入程德全幕府供职时,主管屯垦事务。光绪三十三年(1907),受程德全之托建造公园。张朝墉选定城西广积仓址,在仓基上堆土为台,凿池其下,回栏九曲,相继建筑亭、厅、花坞等设施。因利用广积仓址,故名仓西公园,后称龙沙公园。公园落成之时,张朝墉把自己珍藏的明刻本《楚辞》一书捐赠出来。扉页有他的题识:"光绪三十三年九月朔日,黑龙江卜奎仓西公园落成,蜀东张氏敬置此编,以供好古者浏览焉。"①后来该书被齐齐哈尔市图书馆收藏,被文化部(现称文化和旅游部)和国家古籍保护中心评定为国家珍贵古籍。

公园建好不久,沙俄强占公园一半建领事馆,张朝墉只能悲愤地自号"半园老人"。寓居北京期间,他亦把自己的寓所命名为半园。

1929年中东路事件爆发后,身为中将旅长的韩光第亲临第一线,终因众寡悬殊而全旅覆灭,韩光第将军阵亡后,张朝墉洋洋洒洒写下一百六十言的《题韩大将遗墨》,讴歌了这位为国捐躯的爱国将领。他在序中写道:

> 甲午中日之役之后,国人勇于私斗,不与国外交锋者几四十年。此次中俄开衅,星火燎原,满州(洲)里国防幸有梁韩两旅,精心毅力,支撑数月,否则何堪设想也!卒之梁俘而韩且授命,弹尽援绝,守死善道,其忠肝义胆,直上与日月争光。今观韩君八月八日上万寿帅书,其军学之整饬,布防之缜密,感恩知己,报国热忱,洵足以廉顽而立懦。呜呼!睢阳闻笛之诗,信国衣带之铭,君之遗墨,久堪追配。今事稍定,寿帅潢池成册,惜良将之捐躯,叹良朋之早逝,痛定思痛,涕泗交横。出以属题,得一百六十言。韩,名光第,字斗瞻,吉林双城人。②

"九一八"事变后,张朝墉先生流寓北平。抗日战争全面爆发后,先生因故滞留北京,拒任伪职,与四大名旦之一的程砚秋、名画家汪蔼士相友善。先生卖字,汪先生卖画,程先生种菜,保持了民族气节,一时传为佳话。1940年正月初一,80岁的张朝墉写下了《立定脚跟穷不怕》一诗:

---

① 于勇.卜奎"三杰"藏书题识辑考[J].图书馆学刊,2018(12):128.
②《二十世纪诗词文献汇编》编委会.二十世纪诗词文献汇编.诗部.第二辑.第二册[M].成都:巴蜀书社,2011:373-374.

莫将岁事溯龙蹮，阳历已交二月天。
立定脚跟穷不怕，放开笔胆大如椽。
三巴信渺云山外，一线春回杨柳边。
蓬户自安闲亦好，无须手板贺官年。

诗中既委婉地反映了不堪回首的过去，又坦然地表达了自己"立定脚跟穷不怕，放开笔胆大如椽"的思想。北平已经沦陷，张朝墉先生与家乡失去联系，但他相信会有"一线春回杨柳边"。纵观全诗，一股穷不变节的浩然正气跃然纸上。

张朝墉对古代圣贤特别敬重。他崇拜屈原、李白、杜甫、白居易等诗人，特别是对苏轼，更是十分景仰。称其为坡仙、大苏、髯仙、玉局仙、髯苏、苏髯等。张朝墉对中国传统节日，如元日、人日、上巳、清明、寒食、中元、重阳、腊八、除夕等多有题咏。

张朝墉客寓黑龙江的诗作特别引人瞩目。中国古典诗歌中，描绘西北边地大漠孤烟、秦月汉关的辞章早已为人们所熟知，而描写关东人文的诗篇却寥若晨星。当代学者李兴盛曾撰写《张朝墉情系哈尔滨》一文，称张朝墉"是第一位咏流经哈尔滨段松花江与太阳岛的诗人，也是最早咏哈尔滨诗人之一"[①]。

1907夏秋之交，张朝墉行经哈尔滨。舟行江上正值雨后，明丽的风光和沿岸出水楼台，让张朝墉情不自禁地写出了《松花江上》，赞叹"川原万派俯清江"，"濯濯楼台浮水出，隆隆车马过桥忙"。这是第一首咏哈尔滨松花江的作品。同年冬的一个晚上，他再行经这里，只见皓月中天，一灯摇曳，寒云凝聚，二旗下垂，又写下《汽车经哈儿滨》一诗，描绘了"一灯点皓月，二旗锁寒云"的景象。这是继何煜之作后第二首咏哈尔滨（诗题作"哈儿滨"）的诗。

1928年他自北京到东北，在哈尔滨度过春夏时光。四至五月间，同友人曹云浦等同游太阳岛，写下了最早咏太阳岛的诗：

临游村店不成行，一岛浮空背夕阳。
出水芙蓉蛮女笑，迎飞杨柳燕儿忙。
酒沽小市花含媚，绿满平畴草亦香。
最喜江楼相对出，疏灯彻夜伴游航。

---

① 李兴盛.张朝墉情系哈尔滨[J].奋斗,2006(10):64.

5月22日,曾子敬邀张朝墉等宴饮于江楼,张朝墉又即兴写下四首诗。第四首也是吟咏太阳岛的诗:

> 太阳岛上太阳红,岛南岛北江水通。
> 突出一楼倚天半,披襟三面纳凉风。①

张朝墉以诗文结识了不少朋友。游幕北方时,除襄赞程德全、周树模、宋小濂、朱庆澜外,交往最密切的是"吉林三杰"之一的成多禄。在现存《成多禄集》中,有题赠或与张朝墉唱和的诗作数十首。张朝墉还曾为成氏《澹堪诗草》(卷三)(家藏未刊稿)作序:

> 澹堪之诗,其音和以舒,其志廉以远,其天趣神韵,自然澹逸与予所蕲向者,不甚相远,故澹堪乐与予论诗。往往花晨月夕,山砠水涯,吾二人者,或拈一字一句、一人一事,相与鞭秦笞汉,矩宋规唐,迄至灯炧酒阑,尚馀(余)味津津而不忍言去。②

可见张氏引成多禄为知己。1928年,成多禄病故,张朝墉后在《己巳集》中作《雪中有怀亡友成澹堪》,寄托了对故友的思念:

> 高槐已作古人看,溜雨霜皮耐岁寒,
> 盖马大山山上雪,白头吟望泪栏杆。

张朝墉北京期间,先后结漫社、嘤社等。月有集会,影响颇大。集会常于其寓所举行。在漫社中,他年纪最大,但写作却最勤奋。基本上是每年都有新集出版。他的《雪夜有怀漫社诸友》,表达了他对诗友的情谊:

> 冰花缋窗成松竹,中有老人烧华烛。
> 神思一往晾鹰台,粲粲诗人列吾目。
> 旧雨今雨萃一堂,九天咳唾生珠玉。
> 阄韵分题费筹量,抚时感事杂歌笑。

---

① "1907夏秋之交"至"披襟三面纳凉风"内容均引自李兴盛《张朝墉情系哈尔滨》一文。
② 翟立伟,成其昌.成多禄集[M].长春:吉林文史出版社,1988:280.

偶得谢朓惊人句，问天不言天容肃。
又或疏放懒寻诗，酒敌棋仇相追逐。
西山野寺橘千头，北海楼船琴一曲。
从容文谳逾十霜，奚囊何止珠千斛。
但觉妙手能射雕，那知中原还逐鹿。
三载不复与盛筵，自顾头脑入尘俗。
燕市春灯故依然，坠欢或借梅花续。

张朝墉出生在当年刘禹锡写竹枝词的地方，他自然受到这种咏风土诗的影响。例如他在浙江写的《湖上杂诗》，虽然是写江南风光，但仍逸荡出三峡"竹枝"的调韵：

宋庄约略近高庄，小小南湖尽藕塘。
旧日写经人不见，茜窗高洒墨花香。

月下仙人笑口开，因缘两字费疑猜。
年年记取春三月，痴蝶狂蜂逐队来。

苗条靓女走山阿，龙井凤篁雨水多。
春色恼人人亦倦，大家争唱采茶歌。

特别在北京写的二十八首《燕京岁时杂咏》，系统地描写了京华岁时节令，俨然一幅幅精湛的风俗连环画：

绣帔弓鞋去踏青，北城士女到南城。
无风一上秋千架，小妹身材比燕轻。[1]

---

[1] 李金龙《北京民俗文化考（上）》："《析津志》：二月，北城官民妇女，多游南城，风日清美，踏青斗草，若海子上，车马杂沓，绣毂金鞍，珠玉璀璨，人乐升平之治。上自内苑，中至宰执，下至士庶，俱立秋千架，日以嬉游为乐。"见：李金龙.北京民俗文化考（上）[M].北京：北京邮电大学出版社，2017：18.

蟾宫桂殿净无尘，剪纸团如月满轮。
别有无知小儿女，烧香罗拜兔儿神。①

亲知邀酌团年酒，儿女同争压岁钱。②
爆竹千家声未息，天衢车马闹如烟。

张朝墉的《燕京岁时杂咏》已成为老北京民俗文化的经典之作，广为民俗学家及诗人们所引证，还有画家为之描图配画，这也是其价值的当代显现。

图2 张大千《东坡居士笠屐图》

张朝墉时常为别人的书画题款。他曾为国画大师张大千《东坡居士笠屐图》（图2）题跋：

心香一瓣散馥芬，不用海南兰麝薰。
升阶自集乡人笔，冠剑杂沓会风云。
时事摧肝笔研焚，碧血成晕苔生纹。
岷江浩渺万派分，那得和气含氤氲。
蟆颐山头长髯君，芸窗早岁窥皇坟。
万斛源泉发高文，下视百家如蠛蚊。

---

① 李金龙《北京民俗文化考（上）》：“《北京岁华记》：中秋夜人家各置月宫符像，符上兔如人立，陈瓜果于庭，饼面绘月中蟾兔，市中以黄土团成，曰兔儿爷，着花袍，高有二三尺者。魏之琇有《兔儿爷》诗。"见：李金龙.北京民俗文化考（上）[M].北京：北京邮电大学出版社，2017:19.
② 团年酒、压岁钱，现在仍沿旧俗。

黄惠迁谪奚足云,绣裳画衮铭殊勋。
我欲笔阵扫千军,老拙不学兼不勤。
燕市酒薄难为醲,胡不归去躬耕耘。
万里何尝异乡枌,肴核罗列旌旗分。
迎神一曲声凄焄,去天尺五公应闻。

有些山水画卷更引起他对家乡的怀念。例如他在《为王翯文题画》中就写道:

苍松挂壁寒生昼,秋水平桥碧似烟。
未识嵩云小茆屋,何如白帝古城边。

在《董香光①画册,为汪寄厂题》题画诗中,更是表达了自己对家乡山水的眷念。他在诗前序中写道:

画以心造境,不必实有其境似画也。余欲有以实之,老来乡山念切,浏览此册,有似我昔年所历之境,辄复追维往事,信口成诗,以写其趣。借人酒杯消我魂礧而已,非题画也,抒余意也。寄厂恕我老悖狂妄,幸甚!

这组题画诗中,有一首诗写道:

百丈狂澜滟滪堆,乡关何日放船回。
频年大嚼天山雪,不及巴渝水一杯。

从"频年大嚼天山雪,不及巴渝水一杯"之句可见他对家乡山水情意之深,真感人肺腑。1930年,他在《寒宵感事》第二首诗中流露出回到家乡"西瀼东屯""归耕负耒"的意愿:

自分苏卿老此毡,黄尘如幂送华年。
蘸菹香胜穿篱菜,薪炭多于市米钱。

---

① 董香光,即董其昌,字玄宰,号思白、香光居士,上海松江人。官至南京礼部尚书,太子太保等职。董其昌才溢文敏,通禅理、精鉴藏、工诗文、擅书画及理论。他是海内文宗,执艺坛牛耳数十年,是晚明最杰出、影响最大的书画家之一。

薄雪初晴貂帽热,浮沙不冻马蹄圆。

归耕负耒知何日,西瀼东屯落照边。

在《送舒实斋①还里》一诗中,他更是直抒胸臆:

世涂险夷几曾经,摄生何如归田早。

无衣我饲千头蚕,无食我收二顷稻。

东屯春雨种瓜壶,西瀼秋高足鱼鸟。

山中岁月自舒长,陌上车尘无烦扰。

归来我赋招隐篇,闲愁莫被春光恼。

张朝墉是近代三峡地区的代表性人物,有学者认为,他交游广阔,影响广泛,他诗中的哈尔滨风雪、西湖柳色、京华烟云、峡江沧浪,种种反差极大的意象相映生辉,奇谲焕采,从而赋予其作品以宏阔与温婉、庄重与洒脱并存互补的独特风格。其诗写情状物含蓄隽秀,丽而不俗,俚而不鄙,雅俗共赏。正如奉节诗人周子游在《喜奉伯翔先生答书诗以谢之》诗称赞的那样:

年来足迹遍边陲,白山黑水从所之。

山水奇气为其资,孕就大笔四海垂。

二

张朝墉的书法也受到许多人的推崇。他擅长楷、行、篆、隶各体,曾参加北京书法比赛荣获全国第三名。友人以诗赞云:"书法纵横骨高骞,如鸿戏海蛟腾渊。""迅如渴骥怒奔泉,疾如春涨累汛川。"②慕名向他求书的人很多。张朝墉足迹所到处,多有他的墨迹或刻石(图3)流传。

---

① 舒实斋,即舒正曦,奉节人。
② 刘淑坤.志咏吉林百首[M].长春:吉林人民出版社,2013:101.

图3 张朝墉书《杨女慧勤碣铭》，此碑以楷书写成，敦厚质朴，保存了一定的隶书笔意

京派书法研究会副会长邹典飞先生认为，张朝墉的楷体书法，以唐楷为基，借鉴汉隶，增其厚重。张朝墉的书法基本上是帖学面貌，但格调较高，取法钟繇、王羲之、米芾和董其昌等，用笔注意细节，字势扁方，姿态略类北魏《张黑女墓志》，但似乎细腻过之。张朝墉行草书，多为简札（图4），用笔从容迅捷，点画精到，深得晋唐人遗韵，但并非一味模仿，而是从晋唐借鉴宋明诸家。初看张朝墉书札，类清人翁方纲，然灵动之态又似明人董其昌，堪称善学。张朝墉对联大字有宋米芾刷字之趣，格调在米、董之间。总之，张朝墉书法有自家之面目和特点，且颇为雅致，深度契合京城士人的审美趣味。

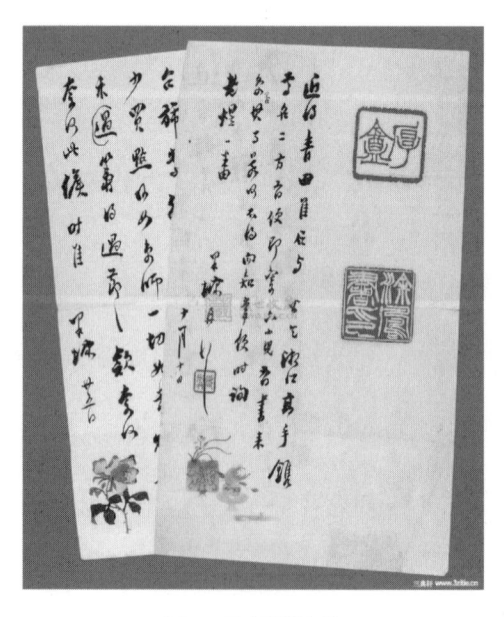

图4 张朝墉信札

张朝墉曾师从著名书法家刘心源。刘心源被张之洞誉为湖北三大书法家之一,在金石学、文字学方面造诣极深,任过夔州知府,且为学笃实、思想先进,后曾领导湖北保路运动,一生为官清正。张朝墉在书法和精神气概上都曾受到刘心源之影响,在生活习惯、艺术修养、文人气节、时代责任担当等方面,都主动承续了古代士大夫的优良传统。张朝墉足迹从西南到东北,师友从政界到文坛,可谓交游广阔。书法是他常用的"伴手礼",较受欢迎。其作品很好地将书法价值与文献的文学、历史价值融为一体,或题赠友人,或自抒胸臆,或题跋书画,或刊刻碑石,或卖纸换米。

张朝墉的书法当时在三峡地区、东北和北京都有较大的影响,也被当前艺术收藏界所看重。特别要提及的是,清末四川民间筹资修建川汉铁路,但清政府将铁路收归国有,出卖路权,引发了四川保路运动。四川周边省份军队到四川镇压保路运动,中国同盟会趁机在武昌成功地发动了一次起义,后全国各地独立,清王朝迅速瓦解。而修这条铁路的始末被记载在《四川商办川汉铁路宜昌工场志痛碑》(后人简称"血泪碑")上,而血泪碑的附记就是张朝墉书写的。而且,张朝墉在附记中记载了当时建碑的情况:"(民国)四年九月始获写泐上石,嵌置宜昌东山寺西墙外冬青树下……"而且,张朝墉还记载了当时众多社会名流参与其事:

> 莅其事者,巴县杜成章,遂宁曹顺濂,奉节舒正曦,香山杜应鸾(杜君应鸾,系南海人,误做香山),华阳邹潛、杨士濂、刘明毅,长沙欧阳缉熙,崇宁宋文林,泸县高铖、万县钟九章、陈希舜,简阳周宗濂,德阳江世清,秀山周兴岐,皆与政园总理,同经患难,始终路事者也。朝墉附记。①

张朝墉除工书外,还精铁笔。他的书画功力非常到家,篆刻遒媚典丽,白文方正和平,朱文雅正秀逸,非一般庸手所能及。他留存下来之印谱现时有《行盫治印》一册,系自己刻印而成,成书年份估计是光绪十四年(1888)。

张朝墉对家乡有着特别的感情,他在为不少名人题写书法时,常落款"奉节张朝墉"。奉节白帝城博物馆现存张朝墉诗碑两通,一是书张钫《驻兵夔府登白帝城得句》。张钫(1886—1966),字伯英,陕军将领,曾搜集大量唐碑,在河南新安县建"千唐志斋"博物馆。1949年起义,后为全国政协委员。1913年,张钫任陕军第一师师长,入川驻奉节,在白帝庙

---

① 转引自:黄权生,罗美洁.宜昌川汉铁路"血泪碑"考:兼论"张朝墉"与"血泪碑"关系考[J].三峡论坛(三峡文学.理论版),2012(3):22.

内建高楼一座，今称白楼。1926年，张钫与张朝墉久别重逢，张朝墉曾写下《琼岛晤张伯英》一诗，中有"十载良朋梦想中"之句，表达了二人的真挚友情。

张朝墉写了两首七律《登白帝城》[①]：

人事匆匆日月忙，抽闲游遍水云乡。
新春天气晴难得，故国河山梦未忘。
古柏尚含前岁雨，野梅时送隔庭香。
登城不听寒砧急，何处筇声闹夕阳？

卧龙跃马事悠悠，过眼烟云一例收。
大海纵观鲸鲵戏，雄才几见凤鸾俦？
一声山寺中宵磬，百尺飞帆下峡舟。
既倒狂澜今欲挽，阶前淫潦大如牛。

从原诗后小注"旧历甲寅正月初四日偕蔡郁堂、唐鹤年、舒季福、刘用衡、丘彩彰、序西昆仲、陶小明亮丞乔梓并王笃之、姚笃臣诸君登白帝城感赋"可知，1914年，张朝墉和友人登临白帝城，有诸多感慨。诗中既有欣赏家乡山川春色的欣喜，也有忧虑时局、渴望国家安定的期盼。

民国二十九年（1940）九月初三，张朝墉先生八十大寿。在北京的亲朋故旧登门拜寿的极多。贺客盈门，觥筹交错，热闹场面延续多日。除老友傅增湘、刘契园、黄宾虹、萧龙友、寿石工外，杨啸谷、张大千先生的四哥张文修以及清宗室溥松窗、溥心畲、溥雪斋等知名人士也前来祝贺。张大千先生赶绘《麻姑进酒》工笔画一幅，题五绝一首：

裊裊行云去，仙衣不染尘。
玉缸春酒暖，进与养年人。

上款是"伯翔宗丈八十寿辰"，下款是"大千张爰恭绘"。此画悬于寿堂正中，引人注目，为寿宴增色不少。大千先生名"爰"。据说其母梦黑猿入怀，生大千，因名"猿"。其后改为"爰"。1942年朝墉先生作古，此画遗失。

[①] 这两首诗刻嵌于白帝庙壁，原诗无题。引自：四川省奉节县志编纂委员会.奉节县志[M].北京：方志出版社，1995：755-756.

虽在书坛已负盛名,但张朝墉仍每天坚持练字。而且,他虚怀若谷,当看到比自己好的书法家能移樽就教。例如,宣统元年(1909)端方任两江总督,嘱桐城尤精篆隶的姚京受(字巨农)刻《天发神谶碑》。张朝墉看见碑后,大加赞赏,认为自己写不出这样的书法来。为了留住墨宝,1916年,仅五十六岁的张朝墉要求姚京受为自己"书墓碑"。

张朝墉同时也为墓碑自书题跋:

> 五十六年事事空,翻从塞外游天宫。我今但理坟前石,惭愧归庵七尺桐。人生百年终归于死,死则死耳,此亦何必讳言哉。今得桐城姚巨农先生书碑,千百年后掀土而出,片纸精拓,传播艺林,谓为死也可,谓为不死也,亦何尝不可。半园未死前自记。

张朝墉让姚京受为墓碑书写这样几个大字——"诗人张先生之墓"。看来,张朝墉先生极希望后人把他看作一个诗人。现发现的张朝墉先生墓碑拓片(图5),真的是"片纸精拓,传播艺林"。姚京受先生写的墓志铭也十分生动和有趣:

> 先生名朝墉,字北墙,自号半园居士,四川奉节人,性旷逸,不拘礼法,而治事敦谨,一言为艺林所重,工诗善书,特寄耳。天发神谶,篆隶家鲜治者。予客金陵,曾摹一通,先生见而惊绝,谓为不能,可知其他书皆能也。先生年五十有六,精力如四十许人,一日属书墓碑,岂生死存亡之故,先生来去了然邪,何其达也。爰为之书并系以铭:赤甲巍巍,瞿塘灏灏,日月万古灵光照,何时归来拈花笑。
>
> 民国五年四月桐城姚京受敬题

图5 张朝墉墓碑拓片

开明画院渝、川、云、贵、桂、冀、晋、浙、琼、蒙优秀美术作品选登

《金沙水拍》 彭光祥（云南）

《松壑幽泉》 霍俊其（山西）

《通途》 李雪波（四川）　　　《巴山深处有人家》 刘路（重庆）

《川美小景》 王明义（重庆）

《农家新居》 吴本新（重庆）

《大美国风》 王士元（重庆）　　　　　　《等理发》 张天彦（重庆）

《侗乡三月花满坡》 杨秀泽（贵州）

《洞天遗梦》 高兴玺（山西）

《飞龙啸天》 乔颖（重庆）

《生命》 唐家翼（重庆）

《庚子》 段皎（重庆）

《鹤庆女孩》 汤闰年（云南）

《洪崖新绿》 张祖全（重庆）

《快雪时晴》 李天锁（河北）

《花舞春风》 马灵（四川）　　　　　《华彩秋妆见清影》 罗礼明（重庆）

《幻象》 黄莎（重庆）

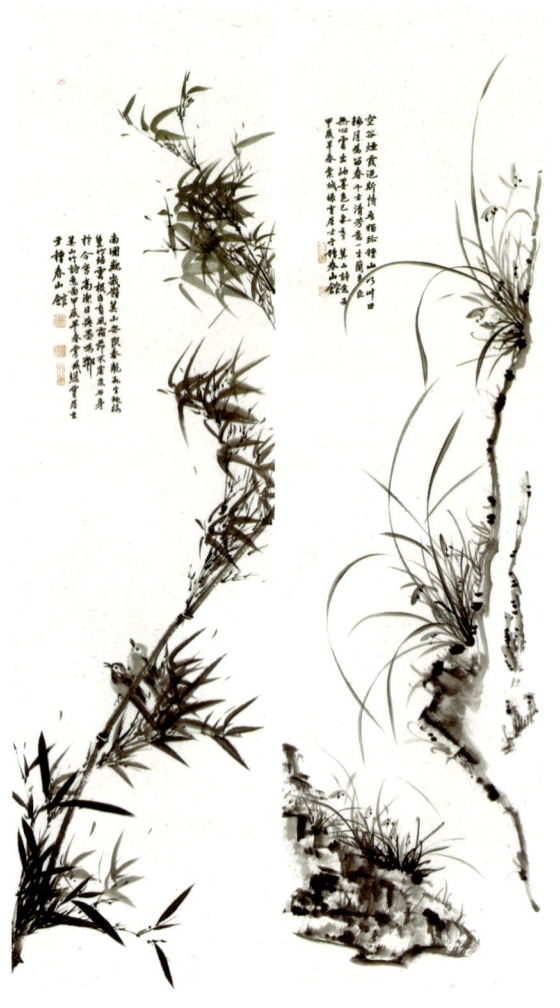

《箕山诗意图》 谢南容（重庆）

《旷野系列之凝》 巫大军（重庆）

《丰收的季节》 黄剑武（重庆）

《莲塘晓梦》 李阳（内蒙古）　　《露涧春花香溢浓》 杨晓亮（四川）

《绿水家园》 余泽洋（重庆）　　　　　　《美丽家园》 寇涛（重庆）

《苗乡秋韵》 刘涛（重庆）

《凝华》 安永平（河北）

《牡丹花品冠群芳》 张珍容（重庆）

《苗寨早春》 谭韵（重庆）

《脐橙丰收正当时》 覃春铭（广西）　　　　　　《巴渝山水共苍苍》 刘应川（重庆）

《青山绿水》 宋建华（重庆）

《秋日羊卓雍》 张世刚（重庆）

《啖荔图》 马随太（海南）　　　　　《山居图》 李焕庭（广西）

《岁月无声山岳有痕》 石维念（重庆）

《太行秋韵》 张彦斌（河北）

《舞春风》 赵建中（山西）

《乡愁》 王锋（贵州）　　　　　《薪传》 赵毅（重庆）

《雪中香》 张剑（四川）　　　　《遥知北方雪未来尽，春风先至彩云南》 冷建卫（云南）

《又逐春风到侗乡》 粟周平（贵州）　　　　　《远望》 刘朝侠（内蒙古）

《云林山居》 黄莘祥（浙江）

《中山探春》 于天冰（重庆）

话说纸质书

刘德奉

随着现代科技的发展,图书已经从纸质载体发展到电子载体。从传播速度、携带方便性、检索便捷性、购买成本、收藏空间等方面讲,电子书比纸质书有优势,因此甫一面世,便风靡全球。

但我认为从阅读欣赏、人文培育、文化传承等方面讲,纸质书更具文化魅力。

两者相较,各有所长,既收藏纸质书,又收藏电子书,当然是最好的藏书方式,而且是当前很多人都可以实现的一种方式。但是,如果只选其一,或者只重其一,我还是选择纸质书。

纸质书是有形的文化载体。这个有形的文化载体,可以色彩不同,大小不一,装帧有别。把购得的纸质书,特别是传统的线装书分类放置于书房的书架上,清闲时随手翻翻,忙碌时偷眼瞄瞄,都是一种文化滋养。置身书屋,静心阅读,或做眉批,或划重点,或摘抄金句,定会醉心于书中世界,有感于书中文字。桌上堆满披阅过的图书,周围满是翰墨书香,潜心写作,头脑里自会思如泉涌。身边的书能扩展写作的思维边际,丰富写作思维;书里蔓延出的人文气韵,能让你文不加点,键盘声脆。

如果将有形的纸质书置于茶几、凳椅、餐桌、窗台上,置于床头,甚至置于"便所",随时可入眼,随手可拿取,那么它们亦随时可予人涵养。欧阳修就有"马上、枕上、厕上"读书的习惯。现在,人们如果在家中四处置书,也许就不会随时握着手机不放,当"低头族",而向欧阳修学习了。

一次,家中午饭,饭桌上外孙女何紫宸望着对面书架上的《杜威全集》问:"外公,杜威是什么人？写这么多书！"我说："杜威是美国现代伟大的实用主义哲学家、教育家，值得我们敬仰。这套全集有三十八卷之多，我也才读了一点点。你以后也要向杜威学习，出很多的书，大部头的书！"她笑着说："好，我也要出这样的精装书，气派！"

有形的纸质书还容易激起人的读书欲望。我觉得读纸质书有两种情况：一种是计划性的，有目的性的；一种是随意性的，无目的性的。前一种具有一定的系统性，但也可能会在无目的性、随意性阅读中得到补充，生出意外性的延伸探索。这样，阅读范围就能得以延伸，而新的知识空间就能得以创造。后一种随意性的、无目的性阅读，也可能会生出主题性、系统性来，让人领悟到一种从"乱花渐欲迷人眼"至"无地不同方觉远，共天无别始知宽"的境界。无论哪一种，都会扩展你的人生视野，提升你的"优雅指数"和"智商指数"。

我闲来无事时总要在书架前晃来晃去，看到一本好的书就想翻翻，有时一翻就被书中的内容所吸引，一直读下去了。去年，我就随手翻了一下老舍的《骆驼祥子》，这是20世纪50年代出的老本子，竖排版，繁体字，三十年前买于西安的旧书摊。没想到，一翻就不忍释卷，连续用了三天时间把它读完。这一读才感到读晚了，这部故事这么好、京味这么浓而且思想正的作品，我真该早点拜读。

把纸质书置于眼前，还会生出一种阅读的强迫症。我就有这样的感觉。忙碌完毕，常常闲坐书房，放眼望去，一架架的书从地面排列至屋顶，于是不免心生感叹：还有这么多书没有读！还有很多东西没有涉猎！！还有太多的知识没有"触碰"！！！为此，心里总会生出抓紧读、快点读、高效读的想法。我的母亲问过我，许多朋友也问过我，你藏的这么多书都读过了吗？其实，读过的不足十分之一。为此，我还经常为自己辩护：有的是工具书，不用读；有的是用作资料的书，不用读；有的只需粗读，不必细读；剩下的当然要读，而且要精读，我读过的那些书大多都是精读的。这似乎是一个勉强的解释。真实的原因也许是我时间还安排得不够，精力也用得不足。为弥补心中的遗憾，以后我得不停地读、努力地读、认真地读，这不是要向身边的人证明什么，而是我发自内心地认为这是一种本能的需要。

纸质书这个有形的物体还有一种潜移默化的影响力。一个喜爱读书的人，可向这些书的作者学习，学习他们的奋进精神、创造精神、创作精神、人生境界——创作出自己的作品，体现出自己的价值才是最重要的。有价值的纸质书，不管采用怎样的样式，书写怎样的内容，编也好，著也好，辑也好，单本也好，多本（几本、十几本，甚至数十本数百本）也好，都会直接影响你的创作，给你启迪，给你力量。到现在，我自己写作的著作加上我协助编写的文学、艺术、文化、旅游等方面图书已有270余本出版,满房间的纸质书就是我行动的精神支柱、不竭动力。

人们总是生活在一定的氛围中,一个爱好读书的人,一个总是期待把家中营造得书香味十足的人,一个喜爱藏书的人,纸质书是不可缺少的核心物品。家中有几架书,墙上挂几幅画,在适当的空间放一点工艺品,在空气流通处搁一小盆花草,休息时闲翻几页书,这样的日子一定是惬意的,这样的生活一定是美好的,这样的心境也一定是幸福的。自己生活在这样的地方自是舒心如意,家人生活在这样的环境中亦能让身心得到休养,朋友来到如此优雅的"接待室",更会高看室主一眼。人文滋养,空间雅致是一个重要方面。现在社会上很多成功人士都在建造这样的空间,他们中爱好读书的人越来越多,这一定程度上体现了时代的进步。

文化的传承是有形的,中华民族的文化传承有无数的文化载体作为实证。一个家庭的文化传承靠什么?前人讲耕读传家、诗书传家,可以看出书是文化传承的核心载体。我们讲某某出生于某文化世家,意指某某多半具有一代代传承下来的文化背景,而这文化背景中,既含无形的内在修养,也含有形的外在实体,其中纸质书籍就是必不可少的内容。我们如果把满屋的纸质图书转化成电子文件存入一台电脑中,将这台电脑传下去,它会给人一种人文感吗?在这台电脑上你能感受到祖先的温度吗?这些电子文献会完全展示出先人留下的文化痕迹吗?我们的文化积淀能如实物一样直观地体现出来吗?我想,肯定是不能的。我多年前发表在网络上的文章,现在早已无影无踪,然而三十多年前的处女作,还存有《西安晚报》可证,这就是最真实的注脚。

以上纸质书所散发的这些独特魅力,我想,藏之于电脑中的文字也好,图片也好,声像也好,哪怕再丰富,再立体,再有艺术效果,都很难代替。

职是之故,纸质书,得大倡!

2024年1月7日

地址:重庆市渝中区枇杷山正街93号

邮编:400013

编辑部电话:(023)63880156　63880157

电子邮箱:cqwhysyj@126.com

重庆文化艺术研究QQ群号:294222082